吳忠信日記

（1941）

The Diaries of Wu Chung-hsin, 1941

民國日記｜總序

呂芳上
民國歷史文化學社社長

　　人是歷史的主體，人性是歷史的內涵。「人事有代謝，往來成古今」（孟浩然），瞭解活生生的「人」，才較能掌握歷史的真相；愈是貼近「人性」的思考，才愈能體會歷史的本質。近代歷史的特色之一是資料閎富而駁雜，由當事人主導、製作而形成的資料，以自傳、回憶錄、口述訪問、函札及日記最為重要，其中日記的完成最即時，描述較能顯現內在的幽微，最受史家重視。

　　日記本是個人記述每天所見聞、所感思、所作為有選擇的紀錄，雖不必能反映史事整體或各個部分的所有細節，但可以掌握史實發展的一定脈絡。尤其個人日記一方面透露個人單獨親歷之事，補足歷史原貌的闕漏；一方面個人隨時勢變化呈現出不同的心路歷程，對同一史事發為不同的看法和感受，往往會豐富了歷史內容。

　　中國從宋代以後，開始有更多的讀書人有寫日記的習慣，到近代更是蔚然成風，於是利用日記史料作歷

史研究成了近代史學的一大特色。本來不同的史料，各
有不同的性質，日記記述形式不一，有的像流水帳，有
的生動引人。日記的共同主要特質是自我（self）與私
密（privacy），史家是史事的「局外人」，不只注意史
實的追尋，更有興趣瞭解歷史如何被體驗和講述，這時
對「局內人」所思、所行的掌握和體會，日記便成了十
分關鍵的材料。傾聽歷史的聲音，重要的是能聽到「原
音」，而非「變音」，日記應屬原音，故價值高。1970
年代，在後現代理論影響下，檢驗史料的潛在偏見，成
為時尚。論者以為即使親筆日記、函札，亦不必全屬真
實。實者，日記記錄可能有偏差，一來自時代政治與社
會的制約和氛圍，有清一代文網太密，使讀書人有口難
言，或心中自我約束太過。顏李學派李塨死前日記每月
後書寫「小心翼翼，俱以終始」八字，心所謂為危，這
樣的日記記錄，難暢所欲言，可以想見。二來自人性的
弱點，除了「記主」可能自我「美化拔高」之外，主
觀、偏私、急功好利、現實等，有意無心的記述或失
實、或迴避，例如「胡適日記」於關鍵時刻，不無避實
就虛，語焉不詳之處；「閻錫山日記」滿口禮義道德，
使用價值略幾近於零，難免令人失望。三來自旁人過度
用心的整理、剪裁、甚至「消音」，如「陳誠日記」、
「胡宗南日記」，均不免有斧鑿痕跡，不論立意多麼良
善，都會是史學研究上難以彌補的損失。史料之於歷史
研究，一如「盡信書不如無書」的話語，對證、勘比是
個基本功。或謂使用材料多方查證，有如老吏斷獄、
法官斷案，取證求其多，追根究柢求其細，庶幾還原

案貌，以證據下法理註腳，盡力讓歷史真相水落可石出。是故不同史料對同一史事，記述會有異同，同者互證，異者互勘，於是能逼近史實。而勘比、互證之中，以日記比證日記，或以他人日記，證人物所思所行，亦不失為一良法。

從日記的內容、特質看，研究日記的學者鄒振環，曾將日記概分為記事備忘、工作、學術考據、宗教人生、游歷探險、使行、志感抒情、文藝、戰難、科學、家庭婦女、學生、囚亡、外人在華日記等十四種。事實上，多半的日記是複合型的，柳貽徵說：「國史有日歷，私家有日記，一也。日歷詳一國之事，舉其大而略其細；日記則洪纖必包，無定格，而一身、一家、一地、一國之真史具焉，讀之視日歷有味，且有補於史學。」近代人物如胡適、吳宓、顧頡剛的大部頭日記，大約可被歸為「學人日記」，余英時翻讀《顧頡剛日記》後說，藉日記以窺測顧的內心世界，發現其事業心竟在求知慾上，1930年代後，顧更接近的是流轉於學、政、商三界的「社會活動家」，在謹厚恂恂君子後邊，還擁有激盪以至浪漫的情感世界。於是活生生多面向的人，因此呈現出來，日記的作用可見。

晚清民國，相對於昔時，是日記留存、出版較多的時期，這可能與識字率提升、媒體、出版事業發達相關。過去日記的面世，撰著人多半是時代舞台上的要角，他們的言行、舉動，動見觀瞻，當然不容小覷。但，相對的芸芸眾生，識字或不識字的「小人物」們，在正史中往往是無名英雄，甚至於是「失蹤者」，他們

如何參與近代國家的構建，如何共同締造新社會，不應
該被埋沒、被忽略。近代中國中西交會、內外戰事頻
仍，傳統走向現代，社會矛盾叢生，如何豐富歷史內
涵，需要傾聽社會各階層的「原聲」來補足，更寬闊的
歷史視野，需要眾人的紀錄來拓展。開放檔案，公布公
家、私人資料，這是近代史學界的迫切期待，也是「民
國歷史文化學社」大力倡議出版日記叢書的緣由。

導言

王文隆
南開大學歷史學院副教授

一、吳忠信生平

　　吳忠信（1884-1959），字禮卿，一字守堅，別號恕庵，安徽合肥人。1900年八國聯軍攻陷北京，光緒帝與慈禧太后西逃，鑑於國難而前往江寧（南京）進入江南將弁學堂，時年僅十七。1905年夏天畢業後，奉派前往鎮江辦理徵兵，旋受命為陸軍第九鎮第三十五標第三營管帶，開始行伍生涯。隔年經楊卓林介紹，秘密加入同盟會。1911年武昌起義，全國響應。林述慶光復鎮江，自立為都督，任吳忠信為軍務部部長，後改委為江浙滬聯軍總司令部總執行法官兼兵站總監。

　　1912年元旦，孫中山就任中華民國臨時大總統，奠都南京，吳忠信任首都警察總監。孫中山辭職後，吳忠信轉至上海《民立報》供職，二次革命討袁時復任首都警察總監，失敗後亡命日本，加入孫中山重建的中華革命黨。並於1915年，在陳其美（字英士）帶領下，與蔣中正同往上海法國租界參預討袁戎機，奠下與蔣中正的深厚情誼。1917年，孫中山南下護法組織軍政府，吳忠信奉召前往擔任作戰科參謀，襄助作戰科主任蔣中正，兩人合作關係益臻緊密。爾後，吳忠信陸續擔任粵軍第二軍總指揮、桂林衛戍司令等職。1922年，

吳忠信作為孫中山的全權代表之一員，與段祺瑞、張作霖共商三方合作事宜。同年 4 月前往上海時，因腸胃病發作，辭去軍職，卜居蘇州。爾後數年皆以身體不適為辭，在家休養，與好友羅良鑑（字佶子）等人研究諸子百家。

1926 年 7 月，蔣中正就任國民革命軍總司令，誓師北伐，同年 11 月克復南昌後，邀請吳忠信出任總司令部顧問，其後歷任江蘇省政府委員、淞滬警察廳廳長、建設委員會委員、河北編遣委員會主任委員等職。1929 年，因國家需要建設，前往歐美考察十個月。1931 年 2 月奉派為導淮委員會委員，同月監察院成立，又任監察委員。1932 年 3 月受任為安徽省政府主席，次年 5 月辭職獲准後，轉任軍事委員會南昌行營總參議。1935 年 4 月擔任貴州省政府主席，次年 4 月因胃腸病復發加以兩廣事變，呈請辭職，奉調為蒙藏委員會委員長。自此主掌邊政八年，期間曾親赴西藏主持達賴喇嘛坐床、前往蘭州致祭成吉思汗陵，並視察寧夏、青海及新疆等邊疆各地。1944 年 9 月調任新疆省政府主席兼保安司令，對內以綏撫為主，對外應付蘇聯及三區（伊犁、塔城、阿山）革命問題，1946 年 3 月辭任後，任國民政府委員，並當選第一屆國民大會代表。

1948 年 4 月，蔣中正當選行憲後第一任中華民國總統，敦聘吳忠信為總統府資政，復於該年年底委為總統府秘書長。1949 年 1 月 21 日蔣中正引退後，吳忠信堅辭秘書長職務，僅保留資政一職。上海易手之前，吳忠信舉家遷往台灣，被推為中國國民黨中央非常委員會

委員，並任中國銀行董事、中央銀行常務理事。1953
年 7 月起，擔任中央紀律委員會主任委員。1959 年 10
月，吳忠信腹瀉不止，誤以為腸胃痼疾發作，未加重
視。不久病情加劇，乃送至榮民總醫院，診療結果為肝
硬化，醫藥罔效，於該年 12 月 16 日辭世。

二、《吳忠信日記》的史料價值

吳忠信自 1926 年任國民革命軍總司令部顧問時開
始撰寫日記，至1959 年辭世前為止，共有 34 年的日
記。其中 1937、1938 年日記存藏於香港，1941 年年
底日軍佔領香港時未及攜出而焚毀，因而有兩年闕佚
（1942.3.15《吳忠信日記》）。

《吳忠信日記》部分內容，例如《西藏紀遊》、
《西藏紀要》以及《吳忠信主新日記》曾先後出版，披
露其在 1933 年經英印入藏辦理達賴喇嘛坐床大典以及
1944 年出任新疆省政府主席之過程，其餘日記內容大
多未經公開。現在透過民國歷史文化學社的努力，將該
批日記現存部分，重新打字、校訂出版，以饗學界。這
批日記的出版，足以開拓民國史研究的新視角。

（一）蔣吳情誼

蔣中正與吳忠信的情誼在日記中處處可見。除眾所
周知的託其就近關照蔣緯國及姚冶誠一事外，蔣中正派
任吳忠信為地方首長的背後，也有藉信賴之人，安頓地
方、居間調處的考量。如吳忠信於 1935 年 4 月派為貴
州省政府主席，原以江南為實力基礎的南京國民政府，
得以將其力量延伸入西南，在當地推展教育與交通等基

礎建設，並透過吳忠信居間溝通協調南京與桂系關係，從日記中經常記述與桂系來人談話可見一斑。而陳誠此時以追剿為名，率中央軍進入貴州，在吳忠信與陳誠兩人通力合作之下，加強中央對貴州的掌控，為未來抗戰的後方準備奠立基礎。又如吳忠信於抗戰末期接掌新疆省務，以中央委派之姿取代盛世才為新疆省政府主席，一改「新疆王」盛世才當政時的高壓政策，採取懷柔態度，釋放羈押的漢、維人士，並派員宣撫南疆，圖使新疆親近中央，這都得是在蔣中正對吳忠信的高度信任下，才能主導的。當蔣中正於 1949 年 1 月下野，李宗仁代總統時，吳忠信居間穿梭蔣中正、李宗仁二人之間，由是可見吳忠信在二人心中的特殊地位。直至蔣中正於 1950 年 3 月 1 日「復行視事」，每個布局幾乎都有吳忠信的角色存在。

（二）蒙藏邊政

吳忠信長年擔任蒙藏委員會主任委員，關於邊疆問題的觀點與處置，也是《吳忠信日記》極具參考價值的部分。吳忠信掌理蒙藏委員會，恰於全面抗戰爆發前至抗戰末期，在邊政的處置上，期盼蒙、藏、維等邊疆少數民族能在日敵當前的情況下，親近中央、維持穩定。針對蒙藏，吳忠信各有安排，如將蒙古族珍視的成吉思汗陵墓遷移蘭州，以免日敵利用此一象徵的用心。對於藏政，則透過協助班禪移靈回藏（1937 年）、達賴坐床大典（1940 年 2 月）等重要活動，維護中央權威，避免西藏藉英國支持而逐漸脫離中央掌控。1940 年 5 月於拉薩設置蒙藏委員會駐藏辦事處是最成功的宣示，

力採「團結蒙古、安定西藏」的策略，穩定邊陲。吳忠
信親身參與、接觸的人面廣泛，對於邊事的觀察與品
評，值得讀者深思推敲。

（三）貫穿民國史的觀察

長達 34 年的《吳忠信日記》，貫穿了國民政府自
北伐統一、訓政建國、抗日戰爭到國共內戰，以及政府
遷台初期的幾個重要階段。透過吳忠信得以貼近觀察各
階段的施政重心與處置辦法，以個人史或是生活史的角
度，觀察黨政要員在這些動盪之中的處境、心境與動
態。更能搭配其他同樣經歷人士的紀錄，相互佐證。

三、日記所見的個人特質

日記撰述，能見記主公私生活，從中探知其性格與
思維，就日記的內容來分析，或許能得知吳忠信的個人
特質。

（一）愛家重情

吳忠信的愛家與重情，有兩個層面，一是對於家族
的關懷，一是對於鄉誼、政誼的看重。家人一直都是他
的牽絆與記掛，他與正室王惟仁於 1906 年結婚，卻膝
下無子。在惟仁的寬宏下，年四十迎娶側室湘君，1926
年初得長女馴叔，嘗到為人父的喜悅。爾後湘君又生長
子申叔，使得吳家有後，但沒過多久，湘君竟因肺炎撒
手人寰，年方二十五，使得吳忠信數日皆傷心欲絕，在
日記中曾寫道：「自伊去後，時刻難忘。每一念及，不
知所從。」（1932.12.31《吳忠信日記》）爾後吳忠信
經常前往湘君墳上流連，一解思念之情。湘君故後，吳

忠信又迎娶麗君（後改名麗安），生了庸叔、光叔兩子。不過吳忠信與麗安感情不睦，經常爭執，在日記中多次記下此事的煩擾。吳忠信重視子女教育，抗戰勝利後，馴叔赴美求學，嫁給同樣赴美、專攻數量經濟學的林少宮，生下了外孫，讓吳忠信相當高興。1954 年，或因聽聞林少宮將攜家帶眷離美赴大陸，吳忠信並不贊成，不斷去函馴叔勸其留在美國，如果一定要離開，也務必來台。同年 8 月 6 日，吳忠信獲悉馴叔一家已經離開美國，不知所蹤，從此以後，日記鮮少提到這個疼愛的女兒。這一年年末在日記的總結寫道：「最煩神是子女問題，尤其家事真是一言難盡。」表現出心中的苦悶。

吳忠信相當看重安徽同鄉，安徽從政前輩中最敬重的要屬北京政府國務總理段祺瑞，兩人政治立場並不相容，但鄉誼仍重。吳忠信自段祺瑞移居上海後，經常從蘇州前往探望，段祺瑞身故時，也親往弔祭。對於同鄉後進，無論是在政界或是學界，多所關照，願意接見、培養或是推介，因此深為鄉里所敬重。如 1939 年在段祺瑞女婿奚東曙的引介下，會晤出身安徽舒城的孫立人，在當天的日記中寫道：「〔孫立人〕清華大學畢業後，赴美國學陸軍，八一三上海抗日之後，身負重傷，勇敢可佩。此人頭腦清楚，知識豐富，本省後起之秀。」（1939.9.28《吳忠信日記》）頗為欣賞。或許是命運的作弄，當 1955 年爆發郭廷亮匪諜案時，吳忠信恰為九人調查委員會的一員，於公不能不辦，但於私仍同情孫立人的處境，認為他「一生戎馬，功在黨國，得

此結果，內心之苦痛，可以想見，我亦不願多言，是非曲直留待歷史批評」。

　　吳忠信同樣在乎的還有政誼，盡力多方關照共事的同事。如羅良鑑不僅是他生活的良伴，也是與他同任安徽省政府委員的至交，兩人都在蘇州購地造園，經常往來。爾後，吳忠信主政安徽省、貴州省與蒙藏委員會時，羅良鑑都是他的左右手，離任蒙藏委員會時，更推薦羅良鑑繼任。1948 年 12 月 21 日，羅良鑑夫婦自上海前往香港，飛機失事罹難，隔年骨灰歸葬蘇州。吳忠信在蔣、李兩方居間穿梭繁忙之際，特地回到蘇州參加喪禮，深為數十年好友之失而悲痛，可看出吳忠信個人重情、真誠的一面。

（二）做人做事有志氣有宗旨

　　吳忠信曾經在 1939 年元旦的自勉中，自述「余以為做人做事，必有志氣，有宗旨，然後盡力以赴，始可有成。」另亦述及「自入同盟會、中華革命黨而迄于今，未敢稍渝此旨。至以處人論，則一秉真誠，不事欺飾，對於人我分際之間，亦嘗三致意焉。」這是他向來自持的。就與蔣中正的關係而論，自詡亦掌握此一原則，他在同日又記下：「余與蔣相處，民十五後可分三個階段，由十六年起至十八春出洋止，以革命黨同志精神處之；由十九年遊歐美歸國起至二十一年任安徽省主席以前止，則以朋友方式處之；由安徽主席起以至于今，則以部屬方式處之。比年服務中樞，余于本身職掌外，少所建議，于少數交遊外，少所往還，良以分際既殊，其相處之標準，不可不因之而異也。余在過去十二

年來，因持有上述之宗旨與標準，故對國事，如在滬、在平、在皖、在黔及目前之在蒙藏委員會，均能振刷調整，略有建樹，絲毫末之貽誤；對友人如過去之與蔣，雖交誼深厚，然他人則與之誤會叢生，而余仍能保持此種良好關係，感情日有增進，而毫無芥蒂。……即無論國家之情勢若何，當一本過去，對國竭其忠、對友竭其力，如此而已。概括言之：即「救國」、「助友」兩大方針是也。」

由此可知，在吳忠信待人之原則，必先確認兩人之關係，進而以身分為斷，調整相待之禮。他長時間服務公職，練就出一套為公不私的原則，經常在日記中自記用人、薦人之大公無私，此亦為其「救國」、「助友」之顯現，常以「天理、國法、人情」與來者共勉。

四、結語

吳忠信於公歷任軍政要職，於私是家族中的支柱。公私奔忙之餘，園藝之樂，或許才是他的最愛。他常在一手規劃的蘇州庭園裡，親自修剪、壅土，手植的紫藤、楓樹、柳樹、紅梅、白梅等在園中，隨著季節的變化而映放姿彩，園林美景是他內心的慰藉。吳忠信1949 年回蘇州參加羅良鑑夫婦葬禮後，短暫地回到自宅園林，感嘆地寫道：「園中紅梅業已開散，白梅尚在開放，香味怡人。果能時局平定，余能常住此園以養殘年，余願足矣。」（1949.2.21《吳忠信日記》）可惜，這是他最後一次回到蘇州，之後再無重返機會，願與天違。

　　這份與民國史事有補闕作用的《吳忠信日記》並非全出於其個人手筆，部分內容為下屬或親屬經其口述謄寫而成。1940年，他就提到：「余自入藏以來，身體時常不適，且事務紛繁，日記不時中斷，故託纕蘅兄代記，國書姪代繕。」（1940.1.23《吳忠信日記》）且在記述中，也有於當日日記之末，囑咐某一段落應增添某公文，或是某電文的文字，或可見其在撰述日記之時，便有日後公諸於世的預想。或許是如此，吳忠信在撰寫日記時，不乏為自己的行動辯白，或是對他人、事件之品評有所保留的情況，此或許是利用此份日記時須加以留意的地方。

編輯凡例

一、 本社出版吳忠信日記，起自 1926 年，終至 1959
年，共 34 年。其中 1926 年日記為當年簡記，兼
錄 1951 年補述版本；1937 年至 1938 年於太平洋
戰爭爆發後，其家人逃離香港時焚毀，僅有補述
版本。

二、 古字、罕用字、簡字、通同字，在不影響文意
下，改以現行字標示。

三、 日記中原留空白部分，以□表示；難以辨識字
體，以■表示。編註以【】標示。

四、 吳忠信於書寫時，人名、地名、譯名多有使用同
音異字、近音字，恕不一一標註、修改。但有少
數人名不屬此類，為當事人改名者，如麗君改名
麗安、曾小魯改名曾少魯等情形，特此說明。

目錄

總序／呂芳上 I

導言／王文隆 V

編輯凡例 XIV

1941 年

1 月 1

2 月 14

3 月 25

4 月 40

5 月 53

6 月 66

7 月 77

8 月 90

9 月 104

10 月 114

11 月 125

12 月 146

1941 年（民國 30 年）　58 歲

1月1日　星期三

　　晨七時半到國民政府，八時舉行遙拜先總理陵墓，繼續舉行中華民國成立紀念典禮，及黨、政、軍高級人員之團拜，禮節極為嚴肅。滿街懸旗慶祝，人人都有喜色，有生氣，好像勝利即在目前。大家都以為民國卅年就是迎接勝利之年，話雖如此，仍要團結，仍要努力。十時返鄉會，過小龍坎接文叔、襄叔、馴叔、秀筠及丁倫保女士一同回家。丁女士伶仃孤苦，舉目無親，現在中正校任教員。

1月2日　星期四

推測本年國際變化

　　歐亞兩洲戰事，似無結束之希望。蘇聯在不受侵略原則下，必仍將竭力維持中立。德國在春季或可對英倫作閃擊戰最後之試驗，英國得美國之援助，實力加強，當可對德猛烈迎擊。英國在地中海採取攻擊，義大利勢將先德而失敗。至日本不願坐以待斃，或將挺而走險，進攻馬來、荷印等地，若然，則英、美對日本戰爭必然爆發。或日本不敢冒險南進，加強侵華，夢想結束戰事，亦在意中。中國以英、美、蘇之援助，趁機反攻，亦有可能。惟國際變化無常，隨時可以發生料想不到之種種新花樣，我們能將後方物價、經濟加以調整，則地位更安如盤石。總而言之，今年是世界大局命運嚴重關鍵之一年。

1月3日　星期五

　　德軍開入亞爾巴尼亞後，南斯拉夫與保加利亞突採反蘇行動，巴而幹形勢將有新的變化。

1月4日　星期六

　　歐洲局勢有重大醞釀，德軍既入巴爾幹，空軍又繼續開入，急謀發動更大攻勢。蘇聯軍隊雲集波蘭佔領區，史達林請全國警戒被侵，準備一切。保加利亞願假道予德國，土耳其驅逐德僑。就以上情形觀之，巴爾幹戰事將擴大，蘇聯與德國有發戰事可能。美國昨日召集國會，認為德、倭威脅已日益亟迫，雖捲入戰爭，亦所願意，極積援英，增強國防。

1月5日　星期日

　　午後偕昆田、襄叔及丁倫保女士進城，文、襄叔等即在小龍坎下車回校。丁女士與敬叔姪素友善，聞有婚姻之約。丁于七七變發生，由北平冒險南下，先至合肥解除舊式婚約，再南下江西覓敬叔，不料敬叔病故，大失其望。同時他父母遺留金錢因抗戰大多損失，可謂人財兩空，當然無限煩悶。余當囑襄叔予以照料，並表示若無用款，可接濟，欲進學校繼續讀書，可幫忙。丁年廿三歲，東北大學一年級生，他的父親是合肥三河人，向在北洋任軍官，他的母親河北省人。

1月6日　星期一

　　上午八時出席中央紀念週，何參謀總長報告軍事。

至中國電影製片廠檢查此次入藏電影，結目甚多，情形
特除，惟因天候關係（空氣中有黃沙），不能十分光
明。並在該場午飯，場長羅學濂及徐、陳兩攝影師招待
頗殷。午後過江回城。

1月7日　星期二

　　上午十時出席行政院會議，通過例案數起。接見策
覺林呼圖克圖，他日間赴西甯暫住。午後偕昆田、小魯
回鄉。英軍在北菲洲大捷，佔領義軍要塞巴弟亞，義守
軍二萬全部投降。義官方廣播，國運遭遇危險。

1月8日　星期三

　　美國新造之空中堡壘，已完成其三千英里不停留飛
行，歷時十二小時又五十分，開巨型轟炸機之飛行紀
錄。在普通情形下，可飛翔於一萬五千尺之高空。殺人
器具，日新月異，進步迅速，人類之慘痛，日深一日
矣。羅斯福總統向國會發表咨文，抵抗強暴國家，美抱
三大政策：（一）推行全面國防政策；（二）援助抵抗
侵略國家；（三）阻戰爭于西半球之外。又擬以十萬萬
美元軍火讓與民主國家，英國認為係抨擊德、義、日侵
略者，美有軍事行動可能。

1月9日　星期四

　　我國邊疆遼闊，關係國防至重且鉅，目前中央黨、
政、軍、治邊各機關，以權限不一，意見紛歧，既無統
一之督導，復無一貫之政策，各自為謀，鮮少成效。若

長此以往，不僅不足以建設邊疆，鞏固國防，且恐擾
亂邊政，授人以隙。本會主管蒙藏事務，因不能發揮職
權，歷來處于被動地位。本會治邊是以政治的、事實的
為前提，其他機關多以高調的、幻想的為時髦，可以說
邊疆本無事，庸人自擾之。本會只有設法使中央各方面
明瞭邊情，徐圖改善，一面擬辦一定期刊物，廣事宣
傳，俾社會知邊事之重要及本會之地位。

1月10日　星期五

上午八時到政治訓練班視察各教室及內務，並向
蒙、藏、回各文教員談話。就一般觀之，教訓尚有方，
內務亦清潔。

1月11日　星期六

美總統下令，美艦大部駐太平洋，各艦官兵增至戰
時最高員額。全部海軍分三隊，以兩隊駐太平洋，以馬
尼剌、夏威夷為根據，一隊駐大西洋，並擴充太平洋各
島防務。日本現正操縱泰、越衝突，謀南進三步之據
點。美國既極積備戰，日本志在南進，兩國確有發生戰
事可能，不過時間問題耳。

1月12日　星期日

午後偕叔仁、昆田進城。下午三時接見第一游擊
總司令張礪生，他前代理察哈爾省主席，現仍任該省建
設廳。

記德蘇三協定及英美德日蘇之利害觀察

德蘇三協定之內容：（1）德蘇疆界協定；（2）擴大經濟協定（蘇接濟德糧食及其他軍事原料）；（3）人口遷移協定（德國將並入蘇聯之立陶完、萊多維亞、愛沙尼亞三小國之德國人遷移）。

美國人評論蘇德協定，德國將終止巴爾幹攻勢，土、保兩國直接受其利益。蘇聯表示，係維護和平，加強對外商務，並非針對他國，實為自身需要。以余觀察，此協定係蘇、德劃分巴爾幹利益，亦可說是蘇聯對德讓步，其目的欲使德國全力攻英，英必求救于美，美若對德作戰，日本因三國同盟關係，有對美作戰義務。若此，全世界大戰，蘇聯隔岸觀火，這是蘇聯最理想之如意算盤。

德、日兩國敵人，海上是英、美，陸上是蘇聯。但英、美經濟力雄厚，又是海上霸權者，以德、日與之戰，難得最後勝果。至蘇聯地跨歐亞兩洲，經濟、軍事均是外強中乾。德國陸軍現用在歐洲大陸約三分一，日本陸軍用在中國約二分之一，以德、日在世界有名之陸軍，如一戰將蘇聯擊破，則日本可消化佔領之滿、蒙，德國可消化佔領之歐洲。惟日本受中國之牽制，北攻或南進，非得英、美、蘇聯之一方面援助，終覺把握太少，只得徘徊觀望，等待機會。至德國既已戰勝，控制歐洲，陸軍確夠應付蘇聯，已開始漸漸對蘇聯強硬。此次德蘇三協定，很可表現蘇聯之弱點，吾人所最希望者，中、英、美、蘇四國合作，打倒日本。

1月13日　星期一

　　上午八時出席中央紀念週，司法院居院長報告卅年度司法計劃。晚七時設席招待中國電影製片廠長羅學濂君，及此次隨同入藏之攝影師徐蘇霖、陳嘉謨兩君。日本飛行員助泰攻越，日、法關係漸惡化。泰、越邊境，砲火連天。

1月14日　星期二

　　重慶以冬、春兩季多半終朝大霧，很少太陽，有名天然防空。今日天氣清朗，紅日當空，于上午十一時，吾人正在行政院舉行會議，忽有警報。迨會完後，即發緊急警報，余遂即偕叔仁、昆田、卓民等回鄉。少頃，敵機在重慶上空用機關槍掃射，並在南岸役彈。此為今冬敵機第一次擾亂者。

1月15日　星期三

　　得香港來信，犬弟體重四十五磅，牛弟體重卅九磅。牛弟面色紅潤，一月之間，激增七磅之多，聞之深為可喜。此皆香港之空氣與飲食優良之關係。

1月16日　星期四

　　與少魯經二小時之久，詳細研究本會人事及晉級、加薪等等問題，此事較為麻煩，最難解決。余自負蒙藏責任四年餘，茲對部屬寬厚，從未有撤換職員，遇事在可能範圍內，予以提攜，可以說仁義都盡矣。蓋蒙藏會自成立以來，以敷衍邊人為目的，故人事良莠不齊，惡

習已深，會務基礎未立，不克積極加以整理，祗得許圖改進。余于前年入藏之先，並將此種內容詳告蔣總裁矣。

1 月 17 日　星期五

敵處境艱窘，敵東條陸相約軍人出身前任、現任之閣員十三人談話。東條說明苟欲解決當前困難，必須全國一致，始克濟事。敵首相近衛，亦同時召集貴、眾兩院、經濟界、新聞界二百餘人，在首相邸舉行懇談會，要求全國協力，共渡難關。就此可充分表現敵國失去重心，意見分歧，吾人應努力，勝利當不遠矣。本會自遷至永興場花房子鄉間將二載，因房屋太小，勉強辦公。而職員住屋雖在會之附近，往返徒步，就多不便，因此表現一種散漫情形。余今晨特親往各處辦公室視察，秩序尚嚴肅，內務亦清潔，甚為歡喜。

1 月 18 日　星期六

余本每星期日下午進城，因王外交部長今午十二時在嘉陵賓館約午餐，故于上午進城前往。在坐中外來賓約三百人，係冷菜立食，完全歐化。並與英大使卡爾晤面，余前次入藏，大使甚幫忙，藉此道謝。政府公佈新編第四軍違抗命令，不遵調遣，蓄意擾亂戰局，破壞抗日戰線，業將全部解散，番號撤銷，軍長葉挺就擒，交軍法審判，副軍長項英在逃，正嚴緝歸案云云。這一事件甚使國人震驚，而尤恐牽動抗戰大局。此事並非突然而來，政府已至忍無可忍，方出此斷然處置，惟望事態

不致擴大，團結對敵，國家幸甚，地方幸甚。李司令長
官德鄰，新由前線來渝，于午後來訪。他精神飽滿，談
及戰事，確有把握，並留便餐，盡歡而散。

1月19日　星期日

　　偕皓子回看李德鄰兄。日前德、義空軍與英國海、
空軍在地中海激戰，德國以整個飛機向英軍艦衝擊，因
此英海軍有相當損失。德國此等人機犧牲精神，令人可
佩。現在德國正在極積準備春季總攻，但英空軍力量尚
未趕上德國，且英取守勢，德、義取攻勢。英國未來
三個月內，確是危險關頭，以英人之忍耐，或可轉危
為安。

1月20日　星期一

　　上午八時出席中央紀念週。午十二時，讌第一游擊
司令張礪生君，並約孫立人、溫廣漢諸君。孫係安徽人
舒城人，留美陸軍學生，曾在淞滬作戰，異常勇敢，身
負數傷，現任緝私總團長，所部六團。溫係合肥人，留
法學生，現任河南省政府委員。孫、溫兩君均是青年有
為，前途定有希望。老友龔振洲兄由昆明來渝，晚間來
訪，他深信佛法，此次係隨紅教老活佛聖露同來者。

1月21日　星期二

　　上午九時出席行政院會議，通過卅年度國家總概
算，不敷五、八三八、九九五、〇一九元。除利用外國
借款外，擬發行軍需公債、建設公債各十二萬萬元，兩

共二十四萬萬元。不敷之數，擬以整頓國稅所增之收入，及銀行短期借墊之款彌補云云。以現在財政情形，將來物價勢必日高一日，這是我們抗戰第一件可憂大事。午後二時訪聖露活佛及龔振洲兄。聖露年已八十有四歲，中央要人不少受其洗禮者。他到處修法，為人舉行開頂禮，余以為此等開頂禮非佛教正宗，而視為外道，故余不十分相信。午後三時偕昆田等回鄉。

1 月 22 日　星期三

申叔重傷風，昨晚起發熱，今日未起床，延醫診治。接見綏境蒙政會委員胡鳳山、蒙古軍團長紀松齡，因蒙古地位重要，且以綏遠伊克昭盟機關林立，負責無人為可慮。特囑胡、紀兩君回綏轉告各方面，務以多聯絡，多團結，克服困難，為唯一之原則。敵機十九架，于今午襲渝，在本市外投彈。

1 月 23 日　星期四

申叔熱度晨稍退，午後復增長，通常在卅八度二至卅九度六之間，且咳喇不止。惟鄉居延醫困難，只得就近請本地楊醫生診治。據楊云，申叔是傷風，無關重要，惟惟仁太太愛子情殷，較為憂慮。

1 月 24 日　星期五

西藏攝政熱振呼圖克圖，以第十四輩達賴轉世坐床大典告成後，對藏重大任務完畢。因攝政七載，仇人過多，尤以環境困難，卜掛又不吉祥，故向僧俗大會辭

職，另推達賴教師打札佛繼任。在熱振可算功成身退。
在余前次入藏，深得熱振之幫助，今聞去職，殊為可
惜。查第十四輩達賴轉世，既由中央決定，今次之打札
新攝政，亦應由中央任命，可加一層統制，打札亦可加
一層保障，即電孔處長運用。

1月25日　星期六

申叔熱未退，清咳亦未止，再請楊醫診治。美國已
決定禁運辦法不復援引之于蘇聯（所謂禁運，所有飛機
及零件，幾一律禁止運蘇），這是美、蘇在遠東採平行
政策，將共同援華制日，亦惟有蘇聯軍力可牽制日本南
進，美鼓勵蘇聯以飛機助華。

1月26日　星期日

文叔、襄叔、馴叔及丁倫保女士，均于昨晚步行歸
來過舊年。惟仁夫人十分歡喜，惟申叔病未愈，不能起
床，誠美中之不足。敵財政瀕于絕境，敵藏相將經常預
算向眾院提出，總數共達六十八億餘日元，為歷史上日
本之空前預算，特別軍費尚不在內。以敵國經濟力量，
當然無法彌補。

記英軍在非洲之勝利

英軍于一月初克復北非巴第亞之後，現又克復多布
魯克岩城，義軍被俘者甚多，英軍更乘勝進攻德爾諾與
班加西。義大利在非洲之頹勢已不能挽回，墨索里尼輕
率發動希臘戰爭，結果大丟其人。西敗于阿爾巴尼亞，
東敗于非洲，海上又受大蘭多一役之重創。英國有先將

義大利擊潰之主張，義大利失敗，業已注定。英國平定
非洲後，整個控制紅海與地中海，再由希臘根據地以進
攻大陸，自是意中的事。

1 月 27 日　星期一　陰曆元旦

上午九時出席本會紀念週，並訓話，勉各同事努
力。午後送文叔、襄叔、馴叔回校，余即進城。昨夜、
今朝砲燭聲不斷，大有太平氣象，舊習慣之難改，于斯
可見矣。今日稍有傷風，身體不舒。

1 月 28 日　星期二

上午八時老友龔振洲兄來訪，伊將赴桂林遊覽。余
特函請李潤潮、張任民照料，並送龔旅費，及陀羅經、
舍利子、護身佛等，他深為滿意。到陳英士先生夫人
處，及陳靄士先生處拜年。上午十時出席行政院會議，
討論滇、緬界務問題，決議交有關機關審查。此項界務
自滿清迄今數十年，未能解決，現在英人以歐戰關係，
有讓步可能。午十二時張公權、翁文灝兩部長招待黃旭
初、白健生午餐，約余作陪。午後三時回鄉，傷風仍未
愈。美國官方消息，遠東政策不容變更，制日態度益堅
定。遠東美商準備隨時結業。敵外相松岡又大放厥詞，
對美挑釁，海相及川亦恫嚇美國。敵朝日新聞認為日美
之關係已至最緊急階段，危機一觸即發。敵國之軍官，
亦認為日、美必戰，太平洋情勢日緊，日本須準備應付
云云。

1月29日　星期三

　　傷風仍未愈，時而咳喇，皆因氣候轉寒之故。立春前是最寒時間，應特別注意，否則很易患肺炎、春溫。午後四時在本會設席，招待熱振募捐代表及永興場鄉長等，並請本會全體職員春讌。計十五棹，菜甚簡單，均係四川鄉間辦法，所謂十大碗是也。

1月30日　星期四

　　義大利公開承認在非洲與阿爾巴尼亞戰事，胥依賴于德國出面援助，否則即無希望可言。德國若援助，則義大利又將全部附庸于德國之虞云云。此種進退兩難之形勢，真是義大利罕有之厄運，投機取巧者，當以義大利為戒也。敵首相近衛在眾議院預算委員會席上宣稱，中日戰事極少解決之希望。此非軍隊之過，事實上除本人而外，任何人皆無須對此負責。在天皇及全國同胞之前，余誠覺此為不可寬恕者，余決心奮全力克服此種情形云云。查近衛以一少年公子，出任首相，認識不清，看事太易，造成國家危險地步，無法收拾。此種宣稱，係圖卸闖禍責任，與夫一般人民憤慨，可見近衛心勞日絀，作最後悲鳴。日本經濟、政治均至最後關頭，吾人趕快努力，迎接勝利，機不可失、機不可失。

1月31日　星期五

蒙藏委員會無法統一蒙古黨政軍各機關

　　查蒙藏委員會係處理蒙藏事務，其對象為蒙藏。在西藏方面，對象簡單，本會可有辦法。但在蒙古方面，

除蒙旗之地方力量外，尚有甚多中央之黨政軍機關散佈
其間。本會對蒙旗地方力量當有辦法，而對黨政軍在該
處之機關，則以權力不足，無法統一。

2月1日　星期六

上午九時出席本會月會，就蔣總裁行政三聯制中之政治人才與行政人才加以說明，並勉各職員遵從。政治人才就是主持政令，擔負責任的人才，亦就是主持機關，領導辦事人才，即是現在所謂政務官；行政人才就是執行政令，辦理業務的人才，即是現在所謂事務官。下午接見本會天山組調查員吳凱夫、積石組調查員宋強、滇西組調查員李康年。吳廿八歲，安徽人；宋廿二歲，湖南人；李廿三歲，雲南人。三人均是學堂出身，告以在學術上多研究，個人多自修，對同事要團結，對當地軍政長官不可磨擦。閱此次入藏主持第十四輩轉世事宜報書，此書係昆田主編，內分三章：第一章奉派赴藏及在藏洽辦各案之經過；第二章西藏現狀之考察；第三章中央與西藏關係及今後籌藏辦法，全書約四、五萬字，內容實在。

2月2日　星期日

午後進城。晚七時在嘉陵賓館招待蒙、回、藏同胞慰勞抗戰將士代表團，計七十餘人。余簡單致詞，予以鼓勵，首席代表章嘉呼圖克圖答詞。

2月3日　星期一

上午七時陪同章嘉、聖露兩呼圖克圖晉謁國府林主席。八時出席中央紀念週，王外長報告民國以來外交之經過。紀念週後，代理中央研究院長朱家驊兄舉行就職典禮。午十二時至嘉陵賓館，參加蔣委員長招待蒙、

回、藏慰勞抗戰代表團，以五院長及各部會長官及軍委
會各部會長官作陪。蔣委員長演講民族團結，五族血統
早經混合，成為中華民族，章嘉答詞。午後三時出席
蒙、回、藏慰勞團茶會，余致詞大意如下：這次慰勞團
的組織，異常周密，而又非常有條理。從發動到現在，
共計不過兩星期，便告完成，在辦理上尤屬迅速，且比
歷來邊疆同胞的組織為廣大。故可以說，這一次慰勞團
的組織，是蒙、回、藏同胞一種空前的最完備、最偉大
的組織，其精神團結與慰勞熱誠，深為佩慰。前方將士
得到此種精神與熱誠，一定感覺到非常愉快和興奮，更
加英勇抗戰，使最後勝利早日到來云。

2 月 4 日　星期二

　　上午七時，老友龔振洲兄偕其大女公子普生小姐來
訪。小姐燕京大學畢業，篤信耶穌教，向在青年會服
務，將由該會派往美國讀書。振洲兄男、女公子，均已
讀書成人，振兄目前雖無機會替國家負責服務，但在其
個人方面，總算比上不足，比下有餘矣。十時出席行政
院會議，通過以李芋龕為本會參事、李寰本會委員，及
本會增加專員經費案。十二時有空襲警報，遂至化龍橋
農民銀行防空洞，並先至該行常務董事老友周佩珍兄處
休息。知周于三年前取如夫人某氏（事先未說明是妾的
地位），最近因上海大夫人到渝，致起爭端，佩珍又短
于應付，如夫人以面子難堪，吞金自盡，幾乎不起。如
夫人現既生還，擬念佛往生，余允送佛，以成美舉。晚
六時在廣東酒家特別設席招待章嘉與迪魯瓦兩呼圖克

圖，以張文白、賀元靖等作陪。章嘉自抗戰以來，擁護
中央，不遺餘力，其精神、其熱誠，真真可佩。

2月5日　星期三

　　清晨分別接見王調甫、壽景偉、王琢之、喜饒嘉錯
諸君，調甫現任財部參事，景偉任茶葉公司經理。十時
偕白雲梯及少魯、昆田回鄉。

2月6日　星期四

　　最近敵以三師團兵力在豫南信陽一帶與我軍激戰，
敵紛紛潰退，另有一部向南陽竄，我軍到處予以截擊，
斬獲甚眾，這是入春以來規模較大之戰。

2月7日　星期五

記夜夢老母親

　　農曆除夕前數日，夜夢白髮老母靜坐路傍。昨夜又
夢老母病重臥床，暈絕復蘇，坐起喝茶，情形非常困
難。我忽醒，正夜三時，心中悲痛。我離鄉四十載，老
母墳墓迄未祭掃，罪該萬死。回憶我七歲，庚寅年，春
三月，老母去世，今年整五十週年。老母顯靈，兒太疏
忽，不孝之罪，萬不可赦。一俟戰事結束，即當回鄉祭
掃，以安母心。並請惟仁夫人于每日念佛時，代我向老
母念阿彌陀佛三聲，本年農曆三月擇日遙祭。嗚呼，母
恩未報，何以做人，其悲痛未有甚于此者。追悔莫及，
終身大恨。惟有益加自勉，精忠報國，普救眾生，並以
此精神教育子孫，聊報親恩于萬一也。

　　我出世未久，父親去世，母親教養我姐兄六人，當時悽慘勞苦，有非筆墨所能罄者。母親因憂慮過度，同時又受他人閒氣，故生病不起。

2 月 8 日　星期六

　　美國大西洋艦一百二十艘，傳將全部交付英國，此舉是應付德國對法國海軍之可能使用之辦法。蓋法國海軍苟真落入德國之手，則英國之給養，必將更感困難。蘇聯讚揚英軍戰略，美國人認為意義重大，推測蘇聯將變態度。

2 月 9 日　星期日

　　午後偕昆田進城，適襄叔、馴叔放寒暇，于過小龍坎時，一同進城。又老友蕭紉秋兄昨日由港來渝，午後來訪。麗安並託其帶來魚肝油、咳嗽片等藥品，此間藥品非常缺乏，得之適合需要。

2 月 10 日　星期一

　　上午八時出席中央紀念週，白副總參長報告豫南勝利之經過。據云我誘敵深入，然後由側後方夾擊，使敵首尾不相顧，敵又因糧食缺乏，飲水維難，十萬以上大軍，狼狽潰退。此次勝利固由于部隊運用機動戰術所致，而戰略、戰術配合相宜亦大原因云云。此次大捷，乃亦勝利年之第一聲也。本日與老友蕭紉秋兄作終日暢談，並共進午餐、晚餐，十分歡慰。

記敵海軍大將大角岑生斃命

　　據報我游擊部隊于五日午在廣東中山縣附近擊落敵巨型機一架，內有乘客多名同時喪命。由其隨身所帶文件，檢查有南洋聯合艦隊長官司令字樣，並悉為敵海軍大將大角岑生、海軍少將須賀彥次郎、海軍中佐角田隆雄、海軍中佐白濱榮一、主計中佐立見忠五郎、其他副官及司機人等，一行共十人。查大角率幕僚由廣州飛海南島，圖就南洋聯合艦隊司令職，發動南進。大角現年六十六歲，兩任海相，海軍中耆宿，依資望言，自有親佩首相印綬之希望。須賀少將為海軍中有名之中國通，久在南京、廈門等處擔任特務工作，現任南京偽組織顧問。我軍事當局以大角大將為敵方高級軍官，特命移運廣西崑崙關，與敵前在崑崙關戰役中戰死將士同樣予以禮葬，以示優待敵軍陣亡將士之意，亦可見大國文明與風度矣。嗣又據報，大角遺體已運回東京，究竟若何，尚要調查。

2月11日　星期二

　　上午九時出席行政院會議，因孔副院長生病（聞小便出血），由蔣院長主席開會。通過以康濟敏、趙守鈺、王應榆為本會委員。午後回鄉。

2月12日　星期三

　　英國、羅馬尼亞斷交後，英國準備撤退駐羅公使，英、羅兩國有發生戰事可能。德軍準備開入羅國，約四、五十萬人，保加利亞、土爾其兩國大受威脅。英國

人觀察，德將佔保，再向希臘要求讓步。巴爾幹風雲又趨緊張，其影響遠東，自在意中。然蘇聯態度亦值得注意也。英軍九萬集中新加坡，馬來總督演說決心應戰。敵報狂呼新國難臨頭。就此次我在豫南大勝觀之，敵勢確已大衰。我如趁勢總反攻，當有取勝之可能。

2 月 13 日　星期四

上午九時主席本會小組組長會議，據各組長報告，較上次有進步。隨指示各組長，即照報告，分即照辦，或再研究，或擬具體辦法，于下次會議呈核。又指示卅年度工作計劃，應注意推進。尤以鞏固伊盟，派員赴淪陷區工作為最要。查小組會議，其用意在使各職員彼此交換意見，增加行政效率，以及個人學術上之修養。其法良，其義精，惟日久玩生，已成照例公事小組會。故余特親自主持，督促各組長認真推動。

2 月 14 日　星期五

中央決定二月底召集第二屆參政會。中央第一六八次常會決議，第五屆中央執行委員會第八次全體會議定于三月廿九日舉行。

2 月 15 日　星期六

連日在會辦公，觀察各職員辦事精神，稍有進步。

2 月 16 日　星期日

偕昆田、少魯赴山洞，應邱丙乙、蕭仙閣兩君午

讌。適惟仁夫人及馴叔兒亦擬進城晤蔣太太（緯國母
親），故余等在山洞下車至邱家，再送惟仁夫人等至新
橋，改乘居太太車一同進城。余在邱、蕭處晤四川軍長
許堯卿、第一戰區副司令長官馮欽哉。馮山西人，向在
前陝西軍政領袖楊虎臣部下帶兵。當廿五年冬西安政
變，蔣委員長被困，馮欽哉軍駐潼關，不奉楊命阻止國
軍西進，致事變得以和平解決。馮（五十二歲）性情爽
直，身體強健，前途當有希望。午飯後拜訪馮、蕭，即
進城。到竺鳴濤家看蔣太太（緯國母），伊日內赴江
西，住經國處。蔣家以蔣太太最有福氣，既有經、緯兩
兒，復得蔣家親友同情，蔣先生對他亦無惡感，此皆蔣
太太能忍耐、守規矩、善自處，得此良好結果。而蔣太
太吃素念佛，亦此結果中之一大因原也。

2月17日　星期一

上午八時至國府出席中央紀念週後，新任最高法院
院長李茇，舉行宣誓就職典禮。午後四時出席國府林主
席招待美大使詹森，及美總統羅斯福私人代表居里博士
茶會。因詹森大使在華多年，行將離任，居里博士適于
此時來華聘問，主席特設茶會于郊外別墅，一示惜別，
一示歡迎。計到中外來賓四十餘人，一時濟濟蹌蹌，賓
主均甚歡洽。晚七時至竺鳴濤家晚餐，在坐有蔣、居兩
夫人及惟仁、馴叔等。係素餐，菜甚豐滿，在抗戰期
中，誠不易也。

2 月 18 日　星期二

陳光甫兄日前到渝，特于上午八時趨訪，共進早餐。彼此素來感情濃厚，見面之下，非常歡洽。光甫對我幫助獨多，而我無已還報，十分感激。十時出席行政院會議，午後偕惟仁、馴叔、昆田回鄉，經過山洞看葉楚滄病。申叔兒本日十歲生日（實足九歲），回想湘君因生此兒後三日生肺炎病去世，距申兒出世不過廿一日，至今思之，心痛萬分。

2 月 19 日　星期三

英在遠東積極備戰，新加坡佈設水雷防務計劃完成。日本如南侵，英、美必協力抵抗。日報論星洲佈雷影響日本航運，如佈雷區域再予擴大，即等于英國封鎖日本。英、美撤退在日僑民，在華淪陷區英僑亦須撤退。英、美這種積極行動，都是日本最近在泰、越佈置南進進一步據點，有以自作自受也。土爾其、保加利亞兩國訂定互不侵犯約，阻止巴爾幹戰事擴大，並聲明不礙第三國義務。希臘處境困難，巴爾幹情形愈複雜，英國準備應付意外。

2 月 20 日　星期四

本會因在鄉間辦公，交通不便，久未舉行常會。本日上午十時特在鄉間召集，計到白、康、孫、邱、吳諸委員。報告數月來重要工作，並通過頒給聖露呼圖克圖普善法師封號。散會後留各委員便餐，甚為圓滿。

22 | 吳忠信日記（1941）
The Diaries of Wu Chung-hsin, 1941

2月21日　星期五

　　鄉人黃佐平偕其公子來訪。他年六十有二歲，是老
同志，軍人出身，向在北方做事，辛亥年革命在山東煙
台起義。前由余及丁鼎丞等向中央請求，給以終身養老
費每年五百元。現在他因生活太貴，想回合肥，請我補
助旅費，當允照辦。

2月22日　星期六

　　煙、賭之害，甚于洪水猛獸。在平時應嚴禁，在抗
戰期中更應嚴禁，中央政府已三令五申，而新生活運
動，尤以禁絕煙、賭為其重要工作。我亦迭次訓誡本會
各職員，勿得違禁，致犯法紀。乃本會駐藏辦事處科長
戴新三、總務處科員趙雨滄、辦事員張明瑜，膽敢聚賭
違禁，被警察拘捕，殊屬不守法規，並且敗壞本會名
譽，當即予以免職，以肅風紀。

2月23日　星期日

　　馴叔寒暇已滿，特于本日上午九時偕昆田、國書進
城之便，順送馴叔上學。午後陳光甫兄來訪。現在國際
變化難測，均以取巧欺騙為能事，都是不想戰爭，但又
不能不準備戰爭，都是想和平，但又無和平決心。如此
矛盾，如此自私，就是國際間各當局亦無法把握最後結
果，而最可憐者是一般弱小民族，聽強者之蹂躪耳。

2月24日　星期一

　　上午八時出席中央紀念週。參政員兼新疆代表張元

夫君來訪，暢談三小時之久，並留午餐，余因主管邊
事，特將新疆問題提出與之研究。據張云，過去中央應
付新疆未免失當，而黃慕松入新之措施，尤為錯誤。現
在盛主席之環境困難，故主張連蘇聯、反帝國等六大政
策，深望政府能原諒其環境，容納其政策。答以余素來
以不失中央立場，在可能範圍內，予邊疆各領袖謀有利
無害之幫忙。張擬約我往新疆一遊，我素來有此志願，
若機緣許可，當不辭一行也。午後接見青海騎兵第五軍
長代表袁耀庭君。袁甘肅人，曾任騎兵旅長，現辦教育
事宜，乃甘省後起之秀。又接見卓承琪等多人。

2月25日　星期二

午前八時半訪陳光甫兄，並共進早餐。上午十時出
席行政院會議，午後偕蕭紉秋兄及昆田、國書回鄉。

2月26日　星期三

蕭紉秋兄與審計部第二廳廳長何啟澧此次奉監察院
命，視察本會二年計劃工作。蕭現任監察委員，因來鄉
遊覽，順便辦理視察事宜。何廳長本日上午到鄉，即約
在家午飯，午後到會視察。午後四時張文白兄夫婦由賴
家橋三聖宮政治部來訪，留便飯，旋即回部。

2月27日　星期四

張文白兄夫婦約遊壁山夾口溫泉，于上午八時偕紉
秋、惟仁、申叔往三聖宮張家，與文白夫婦一同前往。
乘汽車約一小時到達溫泉，余因泉水溫度較低，恐傷

風，未敢沐浴。該處四圍高山，風景甚佳，新造別墅甚
多。于午後一時回抵三聖宮張家午飯，迨回家時已午後
四時矣。

2月28日　星期五

　　王寶齋夫婦來訪，留午飯。王新任禁煙委員會第一
處處長（管理總務事宜）。因國民參政會第二屆第一次
大會明日在重慶開會，各院部會長官均應出席，特于午
後六時偕紉秋、寶卿、昆田進城。越南局勢又緊，暴日
通牒，迫越對泰割土，傳越不辭作戰，堅決反對割土。
以法越之環境，最後恐仍是要屈服的。敵方宣稱對泰、
越最後調解，堅持雙方必須接受。敵調停泰、越是手
段，侵略是目的。想佔領越南全部，引誘泰國合作，使
他便于南進，及斷我滇緬國際路線。

3 月 1 日　星期六

　　上午九時參政會第二屆第一次大會舉行開幕典禮，推第一屆副議長張伯苓為臨時主席，蔣總裁與林主席分別致辭，參政員答辭。本定繼續開會，選舉五人為主席團，並擬于五人中選共產黨一人。惟共黨因新四軍問題，提出十二個條件，要求政府明確保證，始能報到出席。因此開會典禮完成後，隨即散會，延緩選舉主席團，以待設法疏解。蔣總裁演辭大意如下：抗戰必須爭取最後勝利，建國必須達到國防安定。敵種種攻勢均粉碎，現益疲憊，敵南進是手段，滅華乃其目的。三年來血戰，我國際地位提高，世界對我益表同情，我們只有勝利，決不妥洽。一切建設須國防化，一切黨派觀念理論，已是舊時代空談，我們應以國防為第一云云。

3 月 2 日　星期日

　　上午八時列席參政會第二屆第一次大會第一次會議。因共黨調解無效，當即選舉大會主席團，蔣總裁、張伯苓、張君勱、左舜生及吳貽芳女士五人當選。接續外交、經濟兩部報告，即散會。午後四時參加林主席招待參政員茶會，各院部會長官多出席作陪，林主席簡單致辭，張伯苓答辭。晚六時設席招待青海騎兵第三軍長馬步青代表袁耀庭、第一戰區副司令長官孫連仲代表張愛松，並以王則鼎等作陪。

3 月 3 日　星期一

　　上午八時出席中央紀念週，王外交部長報告抗戰期

間外交經過，及其勝利之因素。監察委員于洪啟先生
（範亭）病故開弔，特親往致祭。範亭先生與余係民國
十九年監察院初成立時，同時任第一次監委者。範亭先
生，山東人，性情誠實，漢學優長，與余感情亦佳。張
叔怡兄胞姪因案被軍法總監部拘押，怡兄託余說項，特
于上午十時訪總監何雪竹兄，據云主犯業已病故，張君
可先行保釋，隨即轉告怡兄。保加利亞加入軸心國家，
在維也納簽字，德元首希特勒親往參加。盛傳德軍入保
境，南斯拉夫亦受脅迫。土爾其表示，德行動如引起戰
爭，土有助英作戰可能。這是巴爾幹局勢又一新發展。

3月4日　星期二

　　上午八時出席參政會第五次會議，何軍政部長報告
一年來軍事，共歷三小時之久，全場掌聲不絕。孔兼財
政部長報告一年來財政，亦甚詳細。午後四時半蔣總
裁、孔部長為勸募戰時公債事，在嘉陵賓館招待全體參
政員及勸募各隊長茶會，余屆時前往，並任蒙藏勸募
隊。晚七時設席招待邊疆參政員，並約冷禦秋、光明甫
等作陪，共計二十餘人。蘇聯外交副委員長正式發表不
支持保國任德軍開入，認為徒然擴大戰爭範圍。這是自
歐戰爆發後以來，蘇聯第一次對德的行動表示不滿。而
德國儘不顧及蘇聯態度，亦是歐戰爆發後第一次。兩國
或從此分道揚鑣。英、保關係斷絕，色雷斯邊境，土、
希大軍集中，入保德軍達三十萬。巴爾幹戰事勢將爆
發，蘇、土舉足輕重。美國輿論界一致致承認美、日之
戰難避免，日方為軸心中最弱一環，美國不畏立即對日

開戰。

3月5日　星期三

　　午後三時列席參政會第五次會議。晚七時半蔣委員長招宴全體參政員于嘉陵賓館，政府各院部會長官全體參加，我屆時前往，蓋為陪都近時稀有之盛會。聚餐既畢，蔣委員長起立致辭，其要旨大略如左：

　　樂觀中國力能自立，最艱危去年業已過去。就經濟言，我國抗戰一年，而法幣仍確保六成現金之準備（英、美借款在內），此為任何國家做不到者。至物價問題、糧食問題，始終認為人事未盡，而中國糧食並不缺乏，根本非有無問題。現在對糧食管理已有組織、有辦法，一定管理得好，中國決不會如第一次歐戰時，德國因無糧食，而至不能作戰。

　　其次外交，譬如有人注意蘇日關係如何，或美日、英日如何，凡此有關他國外交問題，只有各該國自己知道，但只有一點根本見解，無論蘇聯或英、美，永不會妨礙中國抗戰。過去有些人想，或者希望蘇聯或美國參戰，本人不是這樣想，中國單獨的有爭取最後勝利力量，只要他們中立，這樣彼此均有利益。並論交通問題，謂敵人絕對不能封鎖中國，萬一海上被封，以我們現存仰光物品，在一年內運輸不完。又說此次取銷新四軍是軍紀問題，不是政治問題，亦不是黨派問題，希望共產黨覺悟。我們現在有三百師軍隊，一半在前方，一半在後方，如共產黨服從命令，在後軍隊可調前方，則勝利可速成，否則稍緩云云。

3月6日　星期四

　　午後三時列席參政會第六次會議，翁部長報告平抑物價，盧局長報告管理糧食，繆局長報告管理鹽務。休息十分鐘後，蔣委員長代表政府報告共產黨不出席參政會之經過，大意與昨晚聚餐會致辭略同。全場聚精會神靜聽，掌聲不斷。參政院不能接受共產黨出席條件。王雲五等五十四人臨時動議，其提案大意，本會仍切盼共產黨參政員，深體本會團結全國抗戰之使命，並堅守共黨民國廿六年九月擁護統一之宣言，出席本會。一切政治問題，得由正當途徑，獲得完善解決云云。即經全體一致通過。柏林權威方面評論蘇聯外交人民副委員長對保加利亞之聲明稱，德國對于蘇聯態度，頗能明瞭，惟蘇聯亦應明瞭德國在擊敗英國之要措施方面，絕不能容忍任何限制。希特勒元首決心從事對英戰爭，無論在任何地域與英國遭遇，必予痛擊云。余于一月十二日記載中，評論德蘇三協定是蘇聯弱點表現，事隔不久，德國儘不客氣給蘇聯一個釘子，真是難堪。蘇聯只有對德戰爭，如忍辱坐視，不但國際聲譽降低，而德國更輕視。

3月7日　星期五

　　敵人最近在廣東沿海之北海、沙魚涌等處登陸，其目的是加強封鎖，搶掠物資。午後三時列席參政會第七次會議。午後七時半政府五院正副院長公宴全體參政員，各部會長官作陪，余屆時前往，情況甚為熱鬧。

3 月 8 日　星期六

上午訪陳光甫兄，據云美國借款五千萬美元，為中國法幣平準基金，以中、英、美三國人士組織委員會，推光甫為主席，他有所顧慮。以光甫于民國初年用最小資本創辦上海銀行，得到最大成功，且開中國銀行界風氣之先。他當國民革命軍初到上海時，發起勸募公債，加強革命力量。此次抗日軍興，奔走歐美借款，成績尤佳。光甫道德與信用，中外人士均所欽佩，不但為世界有名人物，亦中國數一數二之人物也。以他年齡及過去事業，當然退休，余勸光甫國家既仍需要之時，仍應出而負責，他深然其說。晚間接見七十一軍軍長陳瑞和君，合肥同鄉，像貌端正，幹練有為，乃本縣新露頭角之人才，前途必大有希望也。敵外相松岡親身赴德國，此行任務不外加強德、義、日軸心勾結，及實際調查，俾決定今後之動向。藉此經過蘇聯，撤底觀察蘇聯，或進而與蘇聯定互不侵犯條約，並可在松岡未返國之先，暫時和緩國內急進份子。但松岡此行，于國際間將發生新變化，自在意中。總是謀不利于我國，是無疑問的。

名利恭敬

大乘起信，非為名利恭敬，此佛氏之旨也。務實不務名，尚義不尚利，與人恭，久而敬，此儒家之言也。余謂名利恭敬，人類總不能忘懷。惟願舍其小而成其大，去其私而存其公，不求個人之名，而求國家民族之名，不求個人之利，而求國家民族之利，不求個人之受人恭敬，而求國家民族之受人恭敬，則國家民族之幸，而個人亦蒙其福。非然者，只圖個人之名利恭敬，結果

必至于不名不利，而為人所輕侮。輕則殃及其身，重則貽害于國家民族。自古迄今，此等例案多矣，特書此以戒後之求名利恭敬者。

3月9日　星期日

　　上午憲兵副司令張鎮來訪。張（號真夫）湖南人，黃浦第一期畢業，隨蔣先生任隨從副官多年，既誠實，尤明敏，前途有希望。午後三時參加參政會第十次會議。晚七時皖籍參政員在劉宅公宴，余及許靜仁先生。第二屆參政員由安徽省參議會選出者，光昇（明甫）、陳鐵（血生）、梅光迪、馬景常四人。由中央指派者，杭立武、陶行知、奚倫（東曙）、劉王立民四人，共計八人。

3月10日　星期一

　　上午八時出席中央紀念週，孔兼財政部長演講專賣政策。上午十時參加國民參政會首次大會閉幕式，蔣委員長致休會辭。其重要大意如下：務須實事求是（余素來做人做事，均以實事求是為唯一之原則，蔣今言此，切合我心），逐步推進，捐棄黨派之見，貢獻抗建大業。又闡述目前外交、政治、軍事、經濟情形，以經濟較為難辦，望全體同人予以贊助，又望各參政員協助政府實行決議案云云。繼由參政員莫德惠代表全體參政員答辭，大意謂望駐會委員同人善盡職責，望政府善用統制大權。末由參政員張伯苓宣讀大會宣言，擁護政府施政方針，精誠團結，擁護政令、軍令，絕對統一。爭取

勝利之道，要掃除不適宜之思想行為，以國防需要為萬事標準云。遂于莊嚴肅雍音樂悠揚聲中閉幕，計開會十日，十分圓滿。午十二時招待安徽參政員等八人午餐。晚六時應皖省駐渝辦事處長闞懷舟兄宴，稍坐，往應張礦生君宴。八時半聽教育部所辦之音樂，並有佶子外甥女黃友葵小姐唱歌。

3 月 11 日　星期二

上午十時出席行政院會議。據軍事當局報告，敵人前數日在粵海沿岸登陸，主要目的是破壞鹽場，搶掠物資。現已撤退，我有相當損失。午後偕田、芋龕等回鄉。

3 月 12 日　星期三

法、泰談判結束，協定簽字。法越在日本強迫仲裁下，割越南土地三萬方公里與泰國。日本南進政策在泰、越更進一步成功，不知英、美將何以應付乎。

3 月 13 日　星期四

英國援華委員會副主任委員馬吉弗立撰文稱，中國不僅勇于抵抗侵略，且能于抗戰中建國，此種精神，實值得吾人學習云。人要能奮鬥，然後人家纔能看得起。世界人素來看不起中國人，甚至侮辱中國是下等民族，沒有立國價值。今英國人儘首先說要學習中國精神，這都是三年半勇于抗戰之結果也。

3月14日　星期五

　　發表王氣鍾君為本會專員。王合肥人，文學有基礎，而中外歷史尤專長，原任河南大學教授，特辭職來本會幫忙者。接見最高國防委員會黨政工作考核委員會政務組組員李善鋆君（號庚生），湖北孝感人。現在中央對黨政工作分設計、考核、執行三聯制，關設計由國防委員會設計局主持，考核由考核委員會辦理，執行由行政院負責。此種制度，其方法甚善，很可增加行政效率。查李善鋆君于十年前在本會任職員，對于蒙藏有相當知識，經將余之治邊說明，他更了解。他考核本會，尚能滿意。

3月15日　星期六

　　今日余五十八歲生日（滿五十七），回憶去年今日正在拉薩上下密院禮佛佈施，人生行止無定，不知明年又在何處。惟仁今晨焚香燃燭，替我念佛。午間吃麵。

3月16日　星期日

　　午後偕昆田、芋龕等進城。約喜饒嘉錯格西看由西藏帶來佛像，他說都是古的，真是稀有之品，貴不可言，非與西藏有緣者，豈能得此哉。喜饒日間將赴青海休養，秋後再來。

3月17日　星期一

　　上午八時出席中央紀念週，海外部長吳鐵臣兄報告視察南洋華僑之經過，極為詳細。十時偕昆田、芋龕、

東曙及外交部劉師舜、段觀海、朱世明三司長到南岸電
影制片場覆看入藏電影。該片經整理後，甚為精采，
已決定先請中央各要人觀覽後，即正式放映。午十二時
約劉、段、朱三司長午餐，順便談談國際形勢。彼此所
見大致相同，均認行蘇聯態度，美國行動，亟堪注意。
劉、段、朱三司長均自清華大學畢業後，留學美國。

3 月 18 日　星期二
美國援華前途大見光明

　　以前美國對于援華事不發表意見，此次（十五日）
羅斯福總統廣播演說援助民主國家，最值得注意。他一
再聲明，美國將立即加緊援助反對軸心的國家，須俟其
獲得全勝而後已。他特別提到中國必能得到美國之援
助，這是我國抗戰三年八個月，所得到美國第一次最肯
定一句話。今天以後，中國在精神上已經不是單獨抗
戰，而有了強力之伴侶。羅總統演說，在世界近十年
內，也算極重要的消息，確有劃時代之意義。美援華將
以軍艦護送軍火來華。美艦隊訪問紐西蘭，對遠東局勢
關係重大。

　　上午十時出席行政院會議，因有緊報，會後即偕昆
田等回鄉。連日敵機在蓉、渝擾亂，日前在蓉被我擊落
六架。

3 月 19 日　星期三
英軍在希臘登陸

　　英國陸軍三十萬在希臘登陸。英、德兩軍在巴爾幹

之勝敗，影響兩國前途甚大。英如戰敗，不但不能問鼎
歐州大陸，且于地中海勢力更難保全，遠東亦將發生動
搖。德國志在擊敗英國，統一歐州，是必聚精會神應付
英國。就吾人觀察，德有優良陸軍，英有存亡精神，兩
軍在巴爾幹相遇，必用最大決心作殊死戰。此一戰後，
巴爾幹形勢大變化，世界大戰開新局面。倘上帝憐人
類之悲慘，使兩軍忽然覺悟，不戰言和，亦非不可能
之事。

3月20日　星期四

南斯拉夫決保守中立。傳蘇聯向南致送照會，勸勿
參加三國公約，南斯拉夫苟受攻擊，則蘇聯即予以軍事
技術與財政上之援助。這是蘇聯進一步與德國磨擦。此
事影響巴爾幹甚巨，但德國壓迫南斯拉夫入夥益亟，
希望在敵外相松岡抵德之先實現。以蘇聯目前之消積態
度，南斯拉夫最後還是要向德國屈服的。德國既不接受
蘇聯勸告，向巴爾幹前進，蘇聯處境當然感到困難，
德、蘇關係日漸惡化是無疑問的。德國所以能在歐州大
勝，都是蘇聯放縱養成的，現在蘇聯身受其苦矣。

3月21日　星期五

德國潛艇、軍艦赴美洲領海活動，美潛艇將在大西
洋演習，美、德兩國有發生衝突可能。日本自集中海、
陸、空軍待機南進，及敵外相松岡親往歐洲活動。美國
則在太平洋設防，最近派遣海軍分別訪問鈕西蘭、澳
洲，及羅斯福總統重要演講，援助民主國家，至勝利而

後已。這真是針鋒相對。看旬日來國際局勢，正在醞釀
變化，大有山雨欲來風滿樓之勢。究竟變化如何，蘇聯
有舉足重輕之關係。

3 月 22 日　星期六

歐戰爆發十八個月以來，同盟國及中立國船被擊沉
一千二百四十五隻，共五百萬噸，德、義兩國及各被佔
領國四百廿二隻，計二百萬噸，其中人命、財貨損失更
無法統計，此種大犧牲為歷史上所沒有。三月十九日倫
敦有最大空襲，較去年十一月十四日之轟炸更為猛烈，
亦為開戰以來所未有。英國本部三島及巴爾幹、地中海
形勢確是緊張，確是國難臨頭，首相邱吉爾演說亦公開
承認危險。英國人民素來能忍耐，有最後精神，或可渡
過難關。現在德國戰略是急取攻勢還是暫取守勢，無人
知道。如果進攻，是先攻希，或先攻英，抑或對希、英
同時進攻，亦是無人知道。德國居主動地位，無論採以
上何一種方式，均是很自由的。英國居被動地位，且在
歐洲大陸上只有希臘最後一個據點，英國飛機數量、質
量均趕不上德國，其環境惡劣，毌待贅言。惟一救星，
雖有美國接濟軍器物品，尚閒不夠，仍希望實力援助，
尤其是希望蘇聯改變態度，同情於英。但是希望人家救
援，先要自己能犧牲，能延長戰爭時間，這是很重要之
原則。

3 月 23 日　星期日

午十二時本會訓練班畢業、現在本會服務歐陽先平

君，與本會科長方家異之內姪女陳女士在永興場小學舉
行結婚典禮，請余證婚。午後一時進城，過小龍坎至南
開看馴叔，他身體強健。

3月24日　星期一

　　第五屆中央執行委員會第八次全體會議于本日上午
八時在國民政府大禮堂舉行開幕式，並合併舉行紀念
週。蔣總裁致開會詞，大意謂：（一）軍事危險時期已
過去，正是好轉時期，仍須注意，仍須努力，否則還是
要危險的；（二）經濟問題極關重要，望大家多多研
究；（三）黨政腐敗，須澈底改革，建設國家云云。開
會式禮成後，繼續舉行預備會議，組織主席團，仍以七
中全會主席團于、居、戴諸委員為此次主席團，至全體
會議期定為一星期，遂即散會。偕衛司令長立煌至范莊
伊住處略談，再同到楊嘯天處，遇前駐蘇聯大使楊杰
（耿光），他與我大談軍事、外交。在軍事方面，他有
相當理論，與余所見亦復相同。他人緣欠佳，頗有物
議，因此自蘇聯歸國一年有餘，政府尚未予以位置。

3月25日　星期二

　　上午八時出席八中全會第一次大會，通過各組審查
會名單，余在政治組。繼之常務委員會、組織部、宣傳
部、國防最高會議、政治、軍事各種報告。十二時半散
會。午後三時出席第二次大會，聽取外交、財政、經
濟、農林各種報告，六時半散會。莫斯科公佈蘇土宣
言，土若被侵應戰，蘇守中立。大家認為針對德國，蘇

有此表示，希特拉當然受一打擊。南斯拉夫卒被屈服，
加入軸心國，軸心聲明不要求軍隊假道。南國多有不願
加入軸心者，將發生政變。

3 月 26 日　星期三

上海中行等分行迭被暴徒投彈，死傷五十餘人，四
行表示奮鬥到底。此等銀行職員均是拿薪水過生活，毫
無政治關係，今儘傷死，殊為可憫。上午八時出席第三
次大會，聽取社會、教育、內政諸部長報告，繼之江西
熊主席黨政報告。午後三時出席審查會。

3 月 27 日　星期四

上午八時出席第四次大會，聽取陝西、湖北、河南
等省報告黨政。河南省政治報告係衛主席立煌報告者，
甚為扼要，甚為明瞭。十二時散會。午十二時半蔣委員
長約午餐，有章嘉活佛、麥斯武德、樂景濤、覃理鳴、
張厲生等十數人在座。餐後余順談入藏報告書業已完
成，日間送閱。至入藏用款報銷，關于經常用款，則向
審計部造報，機密用款則向總裁造報。至尚餘英金二千
餘鎊、法幣八萬餘元則繳還國庫，請總裁向審計說明可
也。午後出席審查會。美總統所提援助民主國家七十萬
萬美元撥款案，眾議院既通過，參議院又繼續通過。此
不但中、英、希各民主國家得到安慰，尤可見美國孤立
派失勢，急進派抬頭，予獨裁國家重大打擊。同時美國
海軍護送船隻至英之情緒日益濃厚，美國一般記者多認
為美國將參戰。

3月28日　星期五

上午九時仍至美專學校，出席審會。下午三時第五次大會，仍聽取各地黨政報告。

3月29日　星期六

上午八時參加革命先烈紀念會，鄒海濱兄報告黃花岡起義經過。禮成後，接開第六次會議，聽取黨政報告。十二時半散會。下午三時開談話會，以黨務、經濟為談話為主體。首討論經濟，多注視米糧、物價問題。嗣談及黨務，張溥泉先生發言，謂共產黨遍佈各機關，即總裁左右，恐亦難免，深為危懼云云。蔣總裁起立發言，責溥泉所言之過當。並謂非共產黨者，如亦妄指為共黨，則將人皆共黨，人皆自危，殊為危險。並追述前在廣州時，與總理主張不洽時，從中幫你說話，人家都說你有神經病，請你以後說話要謹慎云云。蓋七中全會時，溥泉以孫哲生、馮煥章兩先生偏袒共黨，蔣總裁此次如不指責溥泉，恐馮、孫兩君更滋誤會。馮煥章繼起發言，謂過去雖曾與共黨略有往還，但均是事先陳准總裁者。溥泉先生之誤會，正如民初罵我基督教徒不革命，即至檢查清宮，逐出溥儀後，溥泉先生大呼，馮煥章你出來，我向你叩頭謝罪。今日之事，亦大類此云云。迄六時半散會，晚間在嘉陵賓館，林主席宴客。席上蔣總裁蒞溥泉座，以杯酒為敬，此事遂告結束焉。入藏巡禮影片，於餐後放映，十時許始畢，批評均甚良好。

3 月 30 日　星期日

　　南斯拉夫對德、義軸心國態度遽變，已辭職三閣員加入新閣，全國加緊動員百萬大軍調赴邊境戒備。英、美正式表示援助，德、義對南緊急聲明，請說明對軸心之態度。以南國人種之複雜及四圍環境，或不退出軸心，暫取中立態度。南國示威民眾手持英、美、蘇、希國旗，這可證明南國政變的重大性。世界大局或將由此轉變，亦未可知。我軍贛北大捷，敵進犯上高的陰謀完全粉碎。敵死傷逾二萬人，並據俘虜供，敵師長大賀陣亡，這是與敵人重大打擊。我軍士氣越打越盛，戰術愈打愈精，更可于此役窺見一般。姪媳俞積芳與姪孫振家昨日到渝，今晨來見。振家將二歲，頗聰敏。伊等日內將經貴陽赴湖南洪江道叔姪處，道叔現在洪江機械化學校任隊長。晚在重慶新村廿一號宴章嘉。

3 月 31 日　星期一

　　上午八時參加紀念週後，即開第七次大會，仍是聽取各地方黨政報告，十二時半散會。午後三時出席第八次大會，聽取各戰區司令長官報告軍事報告，他們都說軍事有把握。七時散會後，應中央黨部聚餐會，並有黨部同人組織之聯誼會表演京劇及音樂助興，蔣總裁、林主席均親自出席。

4月1日　星期二

　　上午八時參加國民月會，蔣總裁主席，並演講精神
總動員月會意義後，開第九次大會，通過例案多件。午
後四時出席第十次大會，通過政治、軍事、經濟、教育
等報告之審查報告，七時散會。

4月2日　星期三

　　午前大會討論至主席團所提「加強國內各民族及宗
教間之融洽團結」一案，余起立發言，就案中各點加以
申述。首謂人類平等，重在法律平等，中央對于邊地並
無不平等之法律，故對內各民族一律平等一層，早已
實行。至于地位高低，乃係智慧問題，當不可一概而
論。惟在邊疆本身方面，則因舊制度之存在未能平等，
中央須隨時設法幫助，使其平等。其次論及任用邊人，
余舉蒙藏及邊區人員任用條例為例，凡中央人員之任薦
任職者限制綦嚴，而邊疆人之任薦任者只須由高中畢業
即可，其優待邊人何等寬大。至于邊疆經濟與教育，現
在經濟、交通、教育各部亦均在積極辦理之中。最後余
謂辦理邊政有大矛盾，即特殊化抑統一化（甚至自由
化），如特殊化，則與中央之政策相反，如統一化，則
與現在邊人保留之制度相反。又謂辦理邊政應理智與感
情並重，如專重理智，則邊人越走越遠，如專重感情，
則愈鬧越糟云云。再主席團以蒙藏委員會改為邊政委員
會，牽涉太多，遂宣佈刪去，亦可見主席團對此案之提
出並未深加考慮也。午後三時八中全會圓滿閉幕，發表
大會宣言。此次全會開會十日，共開大會十一次，其重

要決議有三年建設計劃大綱，各省田賦暫由中央接管，設貿易、糧食兩部，改善公務員生活。又決議外交部長王寵惠兄調國防最高會議秘書長，以駐英大使郭泰祺兄調外交部長。又中央秘書長葉楚滄兄因病辭職，以吳鐵臣兄繼中央秘書長。晚七時蔣委員長在嘉陵賓館約全體中央執、監委員晚餐，有簡單演說，大意希望實行此次大會決議案。至九時半，盡歡而散。

4 月 3 日　星期四

上午拜訪四川名人趙堯生先生，及顧墨三、孫訪魯等。午十二時應馮煥章宴，有張相華、張文白、許靜仁等在坐。午後三時回鄉，接見駐西藏辦事處科長戴新三，他們將于日間經雲貴、仰光、印度赴藏。在英國方面肯簽中國駐藏官員護照，此為卅年來第一次。

4 月 4 日　星期五

上午到會辦公。邊事太複雜，八中全會可見一班。其困難在地方固所難免，尤以中央要人不明邊地實情，以及過于偏重感情，以致本會應付頗感困難。惟自余主管蒙藏將至五年，不但未生事，且辦許多事。現在對于邊事，消極應付既不許可，積極又多窒礙，殊感進退兩難。如長此下去，于公于私均有未便。惟有待入藏手續及本會各種手續辦理清楚後，即向蔣總裁表示去留之態度。

4月5日　星期六

　　章嘉呼圖克圖特來鄉會訪余，他說明不參加反對本會蒙、藏、回團體之經過。此次主其事者，回教為中央委員麥斯武德、立法委員艾沙，蒙古為中央委員兼監察委員樂景濤等，西藏為班禪辦事處兼立法委員羅桑堅贊等。麥、艾是在新疆與盛主席鬧意見，逃亡來內地，他們是絕對反對新疆當局者。樂景濤是反對蒙古王公制度者，羅桑堅贊是歷來反對西藏政府者。同時他們想在中央得實際高位，與我以中央立場應付抗戰環境大為不合。現在中央已不能自由派人前往新疆，且封鎖甚為嚴密，我總想設法予以溝通。至蒙古方面，自察哈爾、熱河淪陷後，敵人對于該處王公特別優遇，更以德王為領袖，組織蒙疆政府。故余對未淪陷區之蒙古王公，當然暫予以維持，希望已失陷之王公來歸。至西藏方面，自達賴轉世、班禪靈櫬回藏，感情日漸好轉，現正謀進一步與之聯絡。就以上各種措施，及此次八中全會之報告說明邊疆之內容，在中央之邊人勢必大為不滿也。留章嘉在鄉，耽擱一日，陪其午餐。午後暢談，他在抗戰期中，各處廟宇損失約二千五百萬元，他想回青海看老母親（七十四歲），我勸他緩行。章嘉深明大義，應酬周到，晚間再與共進晚餐，再暢談，深夜始散。

4月6日　星期日

　　章嘉早餐後，起身回成都居住。我送他西藏古佛、古堂閣及白綢等數事，他送我大威德藥佛，據云此佛係用最好藥品親造，時已卅餘年矣。

4 月 7 日　星期一

上午九時主席本會紀念週，並演講八中全會之經過，勉各同人努力。

德義攻南希

蘇聯與南斯拉夫五日簽定互不侵犯條約，德軍六日拂曉開入南斯拉夫和希臘，南、希奮起應戰，義軍同時開始行動，英、美決定盡量援助南、希。英、希、南三軍已集中，即將發生大戰，土爾耳準備側擊德軍，果爾，蘇聯又將如何，這都是歐陸關鍵。蘇、南既已簽互不犯約，這是德、蘇關係又退一步。同時伊拉克受軸心策動，發生政變，西亞改觀，但伊拉克油田仍在英軍駐守中。英不承認伊拉克新政府，英艦隊駛抵波斯灣。蘇聯對于伊拉克之政變，極為關心。以現在局勢觀之，又開一新紀錄，其勝敗雖係直接關係歐陸，其間接關係亞洲亦大也。我于三月十九日日記中，說英、德在巴爾幹戰事利害甚詳，今果實驗矣。余又于一月十二日記事，判斷德、蘇有發生戰事可能，余以為終將實現也。德國敢如此為所欲為者，當然對蘇聯無所顧慮，倘蘇聯進一步以武力干涉，恐德國亦不惜與之一戰。德國稱霸歐洲，皆是蘇聯一步一步養成，現在蘇聯受其威脅矣。

4 月 8 日　星期二

英軍已佔阿比西利亞京城，英東非戰事乃可告一結束。非洲最古老之王國因而可恢復獨立，而塞拉西又可重登王位，可為阿國賀。巴爾幹英、德兩軍業以接觸，保加利亞淪為戰場，德、義殘酷轟炸已開始，南國京城

伯爾格來德已成灰燼，傳南國已聲明退出京城，南國空
軍亦分襲羅、保城市，這真是人類慘劇。

4月9日　星期三

匈牙利、保加利亞、羅馬尼亞本為怕戰而屈服，而
終不免捲入漩渦，真是不幸。希、南的自主之戰，是光
榮的，匈、保、羅的被拖之戰，是慘淡的，而且是無前
途的。現在羅、保都城布達佩斯、索非亞已挨轟炸。

4月10日　星期四

上午九時召集本會各小組組長會議，各組長報告工
作較前更有進步，尤以設法調查外蒙古為重要。方組長
報告低級職員因生活高漲，意志搖動，聞之深為感慨。
當囑其轉告同人，物價高漲是普遍性，望諸同人忍耐，
堅定意志，渡過難關。我們在後方生活，較在前方生活
優良多矣。以現在經濟情形，雖經政府極積籌劃，前途
確是可慮。

4月11日　星期五

北非英軍他調，德軍乘虛挺進多布魯克要港，開羅
及蘇伊士運河有遭受威脅之虞。德軍佔希薩羅尼加，
南、希大軍被圍，形勢嚴重。巴爾幹之命運，當決于
英、德之主力軍一戰也。本擬星期日進城，因白健生兄
約晚餐，辭不可卻，故于上午偕昆田、國書進城。六時
應白宴，有賀貴嚴及教育部顧次長、張司長等在坐。白
是回教徒，擬在陪都建築清真寺，邀余等聯名請蔣總裁

發款五十萬元，又討論回教教育，結果圓滿。客散後，
與白暢談彼此感情之經過，非常歡洽。

4月12日　星期六

余在八中全會報告邊疆情形，係根據事實及愛護邊
人，原無若何錯誤，乃一部邊疆人士發生誤會，佈散流
言。除昨日致函總裁簡單說明經過外，特于本日上午八
時再訪賀貴嚴主任君說明。並託轉告邊人，會場內說話
對會外不負責，且將會內情形向外宣佈，在本黨迭次大
會向無此例，尤不應攻擊個人。九時接見安徽新省委張
宗良君，少年英俊，前途大有可為。託其轉告安徽省府
同人，極積注意減少人民流離顛沛，及推動教育云云。

4月13日　星期日

教育部與本會邊疆教育隸屬問題糾紛日久，未能解
決。本日午後教育部蒙藏教育司司長張廷休君來訪，討
論此事。即照余前次與陳部長所擬定，將西藏教育暫時
託由本會代辦，至特殊情形過去後，再交還教育部。
至此，本會與教部多年爭執，告一段落。本會委員唐柯
三、孫繩武約晚餐。晚八時至廣播大廈聽國樂演奏，以
陳振鐸之二胡獨奏、張充和女士之崑曲，最有精采。張
女士北京大學畢業，現在教部服務，合肥縣名人張樹聲
之後人。

4月14日　星期一

上午八時出席中央紀念週，司法院居院長報告司法

工作。九時過江至南岸訪陳光甫兄，他身體已現衰像。
此次中央擬新成立之貿易部，請光甫任部長，光甫力
辭，余亦認為他無出任部長之必要。即在光甫處沐浴，
並午餐。五時過江回城。七時應杭立武、譚聲乙、奚東
曙三人公宴。德軍既入埃及境，北非戰事轉緊，德軍發
動巴爾幹之戰，頗有聲東擊西作用，致英國陷于不利。
亞力山大與開羅如失，則英軍在巴爾幹大戰大部失掉意
義，今後英國保衛蘇伊士之戰，比較更值得重視。英國
在南歐、北非戰事均甚危急。

4 月 15 日　星期二

上午十時出席行政院會議，大家對于蘇日中立協定
及宣言有所談論，毫無應付辦法，不勝感嘆之至。午後
二時回鄉。最近光甫、郜子均勸我辭退現在蒙藏委員會
職務，我亦早有此意，只待時機耳。

4 月 16 日　星期三

記蘇聯日本中立條約及宣言

本月十三日蘇聯與日本在莫斯科簽訂中立協定，其
第二條所載：「締約國之一方，如成為一個或數個第三
國行動之目標時，其他一方應保持中立，直至衝突終止
時為止。」同時發宣言：「日本尊重蒙古人民共和國領
土之完整與不可侵犯性，蘇聯尊重滿洲國領土之完整與
不可侵犯性。」這個條約與宣言影響于國際變化固巨，
其關係中國更為嚴重。查東北四省及外蒙為中華民國一
部，而為中華民國之領土，是無疑問的。今蘇、日此舉

妨害我主權，瓜分我滿、蒙，是而可忍，熟不可忍。我
政府鄭重聲明，蘇日共同宣言，對我絕對無效。此約之
成立，足證蘇聯制止德國擴大勢力之企圖，已較前更為
積極。德、蘇關係日漸惡化，德、義、日三國同盟，日
形鬆弛。日本今後可無後顧之憂，自可自由南進，更可
進一步侵略中國，美國在太平洋更受日本威脅。我們在
國際素來處于被動地位，而外交辦法太死，是無可諱
言。現又加上經濟危機，與夫國共破裂，應對當然不
易。只有拿出真正革命精神，堅苦奮鬥，自力更生。

4 月 17 日　星期四

德軍突入希臘北部防線，圖切斷英軍登輪歸路。南
斯拉夫軍事大勢已去，戰局危險。美總統羅斯福在白宮
接見記者兩百名以上，首次宣佈美國決立即予中國以具
體援助，並謂已核準以若干現有之軍火轉讓中國。同時
海軍部長諾克斯稱美漸陷于被圍之境，陸軍部長史汀生
謂準備作戰任何地帶云云。美國現在始知危急，似覺過
晚，如能迅速運輸接濟中國，尚可補救。

4 月 18 日　星期五

曹纕蘅兄來訪，留午飯。他說西康劉主席請他任駐
渝辦事處長，余甚贊成。

4 月 19 日　星期六

昨夜又夢老母親。衣冠整齊，面有喜色，端坐將
行，來客甚多。余叩頭祈禱，忽醒，正夜三時。昨午後

六時衛俊如、楊嘯天來鄉看惟仁夫人。留晚餐，並送俊
如舊的藏佛一尊，第十三輩達賴親手造護身佛一件。又
介紹故友龔石雲兄之子體仁至俊如處服務。體仁黃浦第
三期畢業，現年卅八歲。

4 月 20 日　星期日

父親生于道光廿八年正月十七日寅時。

終于光緒十一年三月初九日寅時。

母親生于道光廿八年十一月廿三日丑時。

終于光緒十六年三月廿六日亥時。

去年陰曆三月廿六日，母親五十週年紀念，因余在
藏，故未設祭。本日午在家舉行補祭，適文叔、馴叔等
由學校回來參加。一俟抗戰結束，余當回里祭掃，以安
親心。老母親一生辛苦，將何以報，余真不孝之子也。
午後偕文叔、馴叔、少魯、昆田等進城。晚七時設席招
待後藏卓尼降巴、班禪行轅秘書長劉家駒，及班禪辦事
處羅桑堅贊、羅友仁等。

4 月 21 日　星期一

上午八時出席中央紀念週，馮煥章兄報告振作革命
精神。九時看蔣雨岩兄病，他因血壓高至二百六十度，
現在已低至一百九十度。午後三時接見卓尼降巴、劉家
駒，談班禪行轅善後及班禪建塔轉世等問題。晚六時設
席招待回教達阿衡及唐柯三、王曾善等。敵人在閩、浙
沿海口岸登陸，甯波、台州陷落，溫州、福州亦均危在
旦夕。敵人此次目的，不外加強封鎖，搶掠物資，以後

我海上交通當益感困難。

4 月 22 日　星期二

上午十時出席行政院會議，午後七時應魏伯聰夫婦、王亮籌夫婦公宴，有虞洽卿等在坐。虞年七十有五，居上海六十年。伯聰將任駐法大使。南斯拉夫戰事失利，無條件投降，德、義正會商瓜分南國。希臘總理柯理齊斯自殺逝世，希臘軍事大勢已去，戰事已至苦戰階段，英軍退出希臘，亦不過時間問題耳。西班牙將加入軸心國，果爾，英國視為咽喉之直布羅陀海峽將斷矣。

4 月 23 日　星期三

上午八時偕芋龕、昆田、少魯等回鄉，經過山洞，看葉楚傖兄病。

現在國際動向之判斷

一般人均以為亞洲之美、日，歐洲之蘇、德，將發生戰事，這是于我國有利的。但國際內容複雜，均以投機取巧，少用氣力，得最大便宜，為最高之原則。倘德、蘇、日有秘密協商，為首先打倒大英帝國，瓜分其利益計，則可以德國佔據近東之巴爾幹、埃及等處，蘇聯佔據中東之波斯、阿富汗等處，日本佔據遠東，這是最理想的。在德、蘇力量是可做到，惟日本對于美國不免有顧慮，同時英、美用兵兩洋亦感不易，或與日本妥洽，亦是意中的事。我們要注意人家拿我們做犧牲品。今後日本對我當然一面積極壓迫，一面多方分割我全國

人士，應詳細檢討，將當前外交、軍事、經濟三大事件，速予調整，則一切問題迎刃而解也。

4月24日　星期四

班禪靈櫬雖已回藏，而行轅人員以及衛兵尚有四、五百人。連日磋商善後辦法，余仍主寬大，皆因不能慎之于始，得此不良之結果也。

4月25日　星期五

馬其頓等地希軍降德，希境德軍續進，迫近雅典。英軍苦鬥中，處境已頗危險。希作戰英勇，雖在德人也異常佩服。希與義打了半年，迭獲勝仗，可見希臘已不愧歐洲之強，直至德軍大舉發動，抵抗至最後而始已，希臘雖敗而猶榮也。今後歐洲大陸，除蘇聯外，大致統一德國武力之下，英帝國在地中海上苦戰，更要振奮。土耳其是否竟告屈服，而如德國之望，訂一個互不侵犯。蘇聯也是否等到無可躲閃時機，放棄其和平中立政策，這都是不可推測的。

4月26日　星期六

【無記載】

4月27日　星期日

午後二時偕昆田、芋龕進城，途遇魏伯聰夫人、王亮籌夫人來鄉看惟仁夫人。魏夫人鄭毓秀女士，與惟仁認識將三十年，最近十數年少往來。米價飛漲，卅八斤

一斗，須法幣八十元。如此有增無減，真堪憂慮。德軍
已入雅典城，巴爾幹戰事已告段落。土耳其各報預料德
國將提出通過達達海峽之要求。土爾其今後向背，大部
決于對蘇聯之關係。

4 月 28 日　星期一

上午八時出席中央紀念週，蔣總裁報告外交、經
濟。他說國際愈變化，與我們愈有利益。至于財政本有
基礎，自英、美借款成功，法幣更為穩固，糧食問題總
可想出辦法，望大家勿恐慌。請劉慶餘先生檢查牙齒，
據云左上板牙有洞，最好拔去，余主修補。午後過江訪
陳光甫兄，他決意辭貿易部長，又云在事實上與經費
上，確無成立此部之必要。此種態度，真是不爭權利，
愛護國家。美國借款五千萬美元，在華盛頓簽字，連同
英國借款，以及本國加入之二千萬美元，共一萬萬一千
萬美元。該款作為法幣平準基金之用，組織平準基金委
員會，以陳光甫兄為主任委員，英、美兩國委員各一
人，本國委員二人，連同主任委員共五人。余覺年齡、
身體、知識均應離開政治生活，託光甫代謀私營事業，
既可服務社會，復可了我殘年，他允為注意。而光甫兄
于廿七年在漢口時及日前，均主我辭去現在地位，我深
以為然。

4 月 29 日　星期二

上午十時出席行政院會議，適羅斯福長公子傑姆士
羅斯福（今晨到渝）來院拜會孔副院長，當由孔介紹余

等部會長官與其見面。午後三時陪同光甫兄訪白建生
兄。四時回鄉會。

4月30日　星期三

英首相邱吉爾豪邁演說，不戰勝，勿寧死，不因歐
非失利稍感恐慌，勝敗決定在大西洋戰役。地中海上將
大戰，直布羅陀告警，西半牙、摩洛哥亦將捲入。傳德
軍將攻亞歷山大港，北非英軍正猛抗德、義，德並垂涎
烏克蘭與裏海。又稱英國現在海上船隻達兩千艘，內有
船隻三百艘，無時不在危險區中航行云云。邱氏演說，
對英國人民可謂坦白矣。英國危機，盡量說出，真是英
國國難臨頭。我國在最近三、五月內，亦是最危險時
期。中、英兩國唯一希望在美國幫助。

5月1日　星期四

上午九時主席本會月會。余根據蔣總裁本星一在紀念週所指示之外交、經濟兩點加以說明，最後說國際形勢，及將來變化之預測。

5月2日　星期五

美國將製造四十噸四發動機巨型機。該機可于十小時內自美洲飛到歐洲，並載五十人至八十人，將為世界最大有力的陸上飛機。

5月3日　星期六

敵廣知報發表之和平條款

該報計劃，希望他國實行大犧牲，而日本絲毫不犧牲，且擬進一步將日方要求他國所犧牲者佔為己有。該報為日本外務省之喉舌，故其所載，顯為官方所授意，茲將今日大公報短評書後。

日本廣知報所謂解決歐戰和平條件，真是一片夢囈，這也看出日本夢想。他這所謂條件，大英帝國被瓜分一半，英、美海軍受限制，美國勢力限于夏威夷以東，尤其妙者，連蘇聯的西北利亞及海參威都得解除武裝。日外相松岡正對美國送秋波，難道這就是他夾帶條件呢？真是可笑。日本人的狂妄、淺薄、荒唐、愚蠢，都在這一片夢囈裡表現出來了。

記德軍在芬蘭登陸

德軍在芬蘭之亞波（舊名土耳庫）登陸。據德方稱，係借道赴挪威，此事曾獲芬蘭之同意云。這事很可

表現德國露骨威脅蘇聯。德國既已控制巴爾幹全部，是
否繼續攻英，或變換方向攻蘇，抑或雙管齊下，以德國
目下力量，均可進行。蘇聯國防委員長警告國人戒備，
謂國際變化，隨時有發生突變之虞，亦可知事態之嚴重
矣。蘇聯近年來是用隔岸放火燒人政策，現在火勢將燒
及己身，不知又將何以躲避乎。俗謂「掏巧是吃虧後
門」，此語用對蘇聯行為，真不虛也。

5月4日　星期日

得桂林來函，馴、申兩兒外祖母羅太夫人于本年舊
曆三月十八日（陽曆四月十四日）病故，當即匯奠儀法
幣五百元。羅家近年家運很不佳，尤以無得力後人，余
想幫忙，亦無法下手，奈何。霧季將過，敵機六、七十
架于昨午襲渝市，毀房屋五十餘棟，民眾死傷十餘人。
午後進城，臨時借住重慶新村廿一號。因昨日附近落有
炸彈，屋瓦皆飛，夜間落雨，漏不可居。

記英伊發生戰事

英、德戰事燃到伊拉克，英、伊戰事爆發。伊拉克
請求德國援助，德謂不能發表意見，這是德對蘇聯、土
耳其有所顧慮。傳摩蘇爾油田已被伊軍佔領。查近東文
明古國之伊拉克素以產石油聞于世，尤為英國軍事上
所必需，萬不肯放棄的，而德、蘇又時垂涎中。且英人
重視近東之伊拉克等處，中東伊蘭（波斯）、阿富汗
（伊、阿北部亦產石油），如同大英帝國之腹部，萬一
腹部受創，全部皆受影響。英、伊既發生戰事，于英國
形勢殊為不利。益以近東、中東是回族所居地，對于

英、德、蘇鬥爭，回族確舉足重輕之勢（土耳其態度重
要），其關係英國得失，更為重要也。

5 月 5 日　星期一

上午八時到國民政府，參加先總理孫先生在廣州任
非常大總統二十週年紀念典禮，于右任先生報告革命政
府成立之經過及其意義。回憶當年，陳炯明反對先總理
任大總統，先總理問余怎麼樣辦。余答總統既已選出，
惟有擇期就任，不能有絲毫猶疑，如陳反對，余率兵討
伐，總理聞之甚為歡喜。又由余疏通陳部重要將領洪兆
麟表同情。及至就任總統，余首先通電擁護，此當時之
情形也。午後過江至南岸，訪陳光甫兄，四時過江回
城。近日江水漲浪急，渡船甚危險。我軍收復溫州、海
門，敵人在華北增兵，有攻我黃河以北駐軍之模樣。

5 月 6 日　星期二

上午十時出席行政院會議，決議以駐法大使顧維鈞
調駐英國大使，以行政院秘書長魏道明繼任駐法大使。
午後偕昆田、芋龕回鄉會，經過山洞，看蔣雨岩兄病。
他血壓尚在二百度左右，隨時可發生危險。

5 月 7 日　星期三

德國一面在近東鼓動回教發動神聖戰爭，又一面集
中大軍于法、西邊境，將侵西半牙。其目的在蘇彝士運
河及直布羅陀海峽，實行鉗形攻勢，殆成定局。而大西
洋形勢亦嚴重，英國有退出地中海之可能。

5月8日　星期四

記美國陸長史汀生參議員潑貝爾演講

　　史汀生演說大意，美國如何應付危機，必須以海軍赴援英國，及以海軍運送軍火，則美海洋亦可安全。美今日已大受威脅，危機緊迫，應把握時間因素。民主黨參議員潑貝爾演講，主張英、美海軍即應公開合作，以封鎖日本艦隊，應供給中國長距離轟炸機，以美國志願空軍駕駛，使東京區域成為廢墟，成為如今日中國各城鎮之狀況云。潑貝爾為政府黨領袖之一，其演說有極大重要性。其理由有二：第一，此為美國負責當局，最露骨之反日運動；第二，此為世界大戰爆發以來，參院內最強硬之反軸心建議。潑貝爾又稱，美國倘續持懦弱之政策，則敵人將不以美國為懼，而友人亦將不再尊敬美國。時至今日，美國亟應對日作若干直率表示，必要時或對日實行若干直率行動。史、潑二人皆具權威，這象徵大局緊張，需要美國負責，業已十分迫近，世界劇變在目前。

5月9日　星期五

　　今午敵機八十架分三批襲渝，向市郊盲目投彈二、三百枚，死傷百餘人，炸燬房屋約二百間。米價有增無減，永興場高至九十五元一斗，南溫泉高至一百零二元一斗，每斗卅八斤，殊為可慮。

5月10日　星期六

　　美大使詹森調任新職返美，蔣委員長今晚在軍委會

設讌為其餞行，並約行政院我等部會長官作陪。特于午後四時進城，七時到軍委會。席間賓主四十餘人，蔣致辭，詹答辭，至十時盡歡而散。詹大使在我國卅餘年，與我國人士感情甚佳。敵人增兵四個師團于北戰場，現在晉南激戰垣曲以西，豫鄂方面亦展開血鬥，浙東方面戰事亦烈。此乃蘇日協定後對我之新的全面攻勢，吾人早經料及。尤其敵人在未實行南進，及美、日戰事未發生之先，當然對我積極侵略，所謂解決中國事件是也。

5 月 11 日　星期日

　　昨午敵機又襲渝市，在市郊投彈百餘枚，被燬房屋百餘間，死傷十餘人。英大使館附近落彈甚多，法大使館附近亦落巨彈。敵外相松岡對紐約時報訪員表示，一旦美國參戰，日本為履行對德、義條約義務起見，亦不得不參戰云。此乃日本針對美國史汀生、潑貝爾二人日前演說之回答也。

5 月 12 日　星期一

　　昨夜大雨傾盆，本年豐收可卜，人心大為安定，米價由九十五元減低至八十五元一斗（卅八斤）。上午八時出席中央紀念週，何總參謀長報告目前敵人攻勢，以掃盪晉南中條山之我軍、鞏固黃河以北，為其唯一目的，其他方面動作均是陽攻牽制。中條山是我北戰場唯一據點，敵人曾先後進攻十五次，都為我軍擊敗。迭次敵攻晉南，無此次兵多，交通亦無此次便利，後方亦無此次安全。我軍十幾萬大軍正在與之血戰，情形甚為嚴

重云。

5月13日　星期二

上午十時出席行政院會，午後回鄉。敵廣知時報論日本對華政策時，語調中已放棄其武力征服中國之希望，並主張縮小戰事範圍，以促進行和平局面及增進貿易。

5月14日　星期三

德國國社黨副領袖赫斯于本月十日自駕戰鬥機出奔英國，以降落傘在蘇格蘭著陸。這件事引起世界紛紛評論，其出奔理由，傳說不一。或曰與希特勒發生意見，避免危險，或曰主張英、德和平，或曰有神精病（這是德國人說的）。總而言之，此事可證明德國內部分裂，自可不言而喻，但赫斯此種決心與勇氣，殊可欣佩。

5月15日　星期四
對邊事有感

蘇子瞻晁錯論首段謂「天下之事最不可為者，名為治平之事，而其實有不測之憂，坐觀其變而不為之所，則恐至于不可救，起而強為之，則天下狃于治平之安而不吾信。」現在邊政情形亦正類此，自表面觀之，固屬安然無事，然一究其實，殊有不測之憂。心所謂危，每不憚于會議中及友朋之前剴切言之，但以囿于成見，又有誰肯信哉。

5 月 16 日　星期五

　　上午十時出席本會常務會議，討論中央交下第二屆
參政會第一次會議有關邊政之決議案。討論結果，有應
歸本會辦理者，自應極積實行，其他關于教育、交通、
經濟、軍事、衛生，則會商各主管部辦理之。會後留各
委員便飯。

5 月 17 日　星期六

　　昨日上午九時半敵機又襲渝市，投彈二百餘枚，炸
燬房屋一百餘間，人民死傷甚少。洛陽于昨日上午五時
發出警報，至下午五時解除。敵機終日竄擾，共轟炸六
次，投彈五百餘枚，損失甚重。此乃敵人策動中條山攻
勢應有之舉也。

5 月 18 日　星期日

　　歐戰將延及敘利亞，英國將在該處對法作戰，中東
戰事亦擴大。伊拉克攻巴力斯坦，德軍將開敘利亞、伊
拉克。美總統警惕國人立即準備保衛國家，美正向最險
惡之途前進。我們最希望美國表示真實態度，以免夜
長夢多，只有參戰與調和兩路。午後五時進城，過和尚
坡，訪陳樹人先生，託題恕菴禮佛圖。

5 月 19 日　星期一

　　上午九時出席中央紀念週。孔副院長報告經濟，對
于法幣發行報告尤為詳細，並云有外匯三萬萬五千萬美
元之準備，法幣基礎異常穩固云。接見馮煥章兄，介紹

同鄉劉副師長純德（號佩九），蒙城縣人，幹練有為。

5月20日　星期二

上午九時半到行政院出席會議，適有警報，改期明日開會，遂到化龍橋農民銀行防空洞躲避。至午後二時解除警報，孔庸之先生以該行董事長名義約便飯，有江西熊主席式輝等在坐。今日敵機未到市空，轉飛梁山、宜賓等處投彈，城都擊落敵機一架。埃及輪冉冉號在大西洋南部被軸心國擊沉，其中有美國人百餘人遇難，華府感覺不安，正待詳訊。這是增加美人煩燥，促其早下決心。敘利亞形勢更緊，英機炸敘利亞各地飛機場，法機起飛自衛，發生衝突，駐敘利亞法當局鄧茲促敘人抵抗英國。法、德既訂新約，英、法有宣戰之可能。

5月21日　星期三

國府發表徐堪（可亭）為糧食部長。徐四川人，精明強幹，對于目前最嚴重問題當可解決也。上午八時，出席行政院會議，決議糧食部組織法修正通過，貿易部組織法付審查。班禪善後辦法，決將該行轅裁撤，駐京辦事處保留，此案送國防最高會議核准後再實行。據軍部何部長報告，晉南中條山戰事，我、敵互有勝負。現在敵人源源增援，我軍正在苦戰中。

5月22日　星期四
辭蒙藏委員會委員長

余本擬以邊疆事業為畢生事業，乃近感於各方意見

紛歧，環境日非，既不能放手做去，且恐啟邊政上之爭
擾。若不急流引退，勢將誤己，而至於誤國，因決定辭
職。遂于前日（二十日），上蔣總裁一函文曰：

> 信就任蒙藏委員會已近五年，消極方面幸無隕越，
> 而積極方面則自覺能力有限，無法推動。現在抗戰期
> 中，蒙藏事務關係重要，擬請另簡賢能，俾信得以效力
> 其他工作，不勝感禱之至。未盡之意，並請果夫兄代為
> 轉陳。（五月廿日）

等語。數十年來，余之出處進退，無不以公字為立場，
然後始伸屈自如，良心上亦可取得無限安慰，即使目前
稍見吃虧，亦必能成功于最後。余此次辭職，出于至大
至公，可謂心安理得矣。

5 月 23 日　星期五

昨午十二時，國書添一女孩（即農曆四月廿七日
午時）。

5 月 24 日　星期六

上午九時出席本會小組會議，各組長報告後，並通
過例案多件。得皓子由南溫泉來函，云果夫已將余辭職
事轉告總裁矣。現只待消息耳。

5 月 25 日　星期日

余本星期擬不進城，讓趙副委員長進城。因趙久不
參加中央紀念週及行政院會議，故請其前往也。

5月26日　星期一

　　原訂清晨到本會政治訓練班訓話，因八時有警報，至十時解除，故作罷。英國戰鬥巡洋艦「胡特」號廿四日在格陵蘭海外被德艦擊沉，該艦四萬二千一百噸，有十五吋八尊，艦上官兵一千三百四十一人，為全世界最大之軍艦。此乃英國海軍最重大之損失也（更促德人攻三島之野心），美國各界聞之大為震驚，英人精神上損失更大。

5月27日　星期二

　　余辭職事，蔣總裁未予核准。其復函文曰：

　　兄主持邊政以來，賢勞卓著。現抗戰勝利愈形接近，一切邊疆大計，尤待未雨綢繆，以期逐步實現。務望勉為其難，勿萌消極，共濟時艱，以副倚畀，為幸。中正辰宥（廿六）。侍秘川。

等語。除仍請果夫兄相機進言外，一俟晤見總裁時，當再面陳，俾期有成也。

5月28日　星期三

　　英國四萬二千噸戰鬥巡洋艦胡特號，被德國三萬五千噸俾斯麥號擊沉後，英國艦隊奮勇出動，作報復之追擊，戰至廿七日晨，俾斯麥號也沉沒了。這可證明英國海軍力之強，重振海上權威。英國除胡特號外，尚有戰鬥艦十五艘，而德國除俾斯麥號外，僅有戰鬥艦二艘。在均衡比例上，德國損失特重，現在英、德海軍成五對一之比。這是歐戰中第一次海軍大戰，影響非常重

大，至少使德攻英倫之精神，受一重大打擊。

5 月 29 日　星期四
記羅斯福爐邊閒話

舉世矚目之羅斯福總統「爐邊閒話」于昨日上午公佈，大意謂美國進入非常狀態，決維護海上自由。希特勒征服世界幾全告完成，幸賴英國及自治領史詩式之對抗，及中國偉大之自衛戰，始克加以阻遏，確信中國之抗戰，實力必可益增雄厚。又宣佈政策三點：（一）在希特勒進攻大西洋路線上之抵抗侵略國家，美國將以最大力量援助；（二）控制海洋，不使希特勒佔據任何足以危害美國之西半球島嶼；（三）援助一切抵抗侵略國家，盡量迅速將武器、軍火運到云云。美國有隨時參戰可能，且以希特勒為對象，于大西洋取積極態度。對日本及太平洋雖未明顯提及，但承認中國為安定世局主力之一，及援助一切抵抗侵略國家，我們已深感謝。我們已有與國，這都是英勇抗戰四年之結果。盛傳美國調和中日戰事，很要注意。又美國在太平洋，不克採積極行動，日本對我當然積極壓迫，我們要努力奮鬥。

5 月 30 日　星期五

蕭紉秋兄昨日來鄉寓，特留在寓過端午節，老友相聚，殊深快慰。蕭兄家累太重，生活困苦，在重慶起居飲食以及氣候均感不適，日間將赴香港暫住。蔣委員長並允其請求，每月另助生活費港幣三百元，可謂優厚矣。

5月31日　星期六

記入藏經費報銷

　　入藏經費報銷已于旬前編送審計部，是入藏一事至此，可謂正式結束，稽延數月之案清于一朝，內心愉快。回憶入藏之前關于經費方面，為免事後糾紛起見，當時力請政府先核定一總數，並准以一部開支機密費。幾經周折，當由國防最高委員會決議，略以吳委員長此次以政府主管蒙藏事務之長官親身奉使入藏，任務重大，體制宜崇，以海陸兼程，全部旅費自應寬籌。行政院決議以黃前專使奉使入藏事，在廿三年所需尚達四十萬元，茲當物價高漲之際，擬從寬酌定為國幣五十萬元，又英金兩萬鎊，並准以其一部份開支機密費專案密報等語，尚允當，應准通過。而機密費報銷手續，復經函准逕向總裁密報。行前關于經費問題，於此遂獲圓滿解決。行轅係于廿八年十月成立，至廿九年七月撤銷，往返共為十個月。經費之支用，凡可加惠藏民者，如分贈禮品、佈施寺廟、施診、施藥、賞卹烏拉（夫馬）、贈送賞賜等，其實惠之厚、數量之多，無不打破過去紀錄。至本行轅自身開支則錙銖必較，俾省公帑。計此行共支英金壹萬七千餘鎊、法幣四十二萬餘元，如以此數與黃前專使之四十餘萬元相較，英金部份今昔法價折合均為三十萬元之譜，至此時法幣四十二萬元之購買力較之五年前，恐最多僅能抵值十萬，故前後二數相較，幾無差異也。

　　經費之報銷，機密部份已造冊呈奉總裁電轉監察院、審計部准于核銷，並抄附原電稿內有查此種用費，

多屬因應機宜贈送、賞賜為主，自難切合審計程序，業
已准向本委員長直接報銷云云。按此項機密費多為政治
運用性質之贈送、賞賜，未便公開列報者，今由總裁直
接核准，于此可見總裁對此項費用性質之了解也。

　　經費之結餘，計英金二千四百餘鎊、法幣七萬餘
元，均已照繳國庫。繳前頗有友人主張以此行之收護及
往返之辛勤，認為不追加經費已屬難能，結餘儘可開支
者。惟余一生磊落光明，而對于金錢尤為清白，自當本
此一貫之作風，使我心安理得也。

6月1日　星期日

上午接見伊克昭盟郡王旗札薩克圖布陞吉爾格勒（簡稱圖王）。他是管理成吉思汗陵寢吉農，兼綏境蒙政會常務委員，為成吉思汗嫡裔，伊盟七族之長支，地位隆崇，人極誠厚。此次來渝晉謁中央當局，報告旗務，下榻本會招待所。午後偕昆田等進城，天氣甚熱。

6月2日　星期一

上午七時出席中央紀念週，鄧孟碩君報告。九時偕芋龕訪交通銀行重慶經理湯筱齋，適有警報，遂到農民銀行防空洞躲避。孔副院長庸之、陳部長濟棠均在該洞，順便暢談蒙藏情況，甚為詳細。今日敵機約廿七架，竄入市空，投下小型炸彈二百餘枚，死傷數十人，英、法兩使館均被炸。英國在伊拉克大捷，英軍開入巴格達，伊前攝政已入伊京，戰事結束。德國完全佔領英、希最後希臘根據地之克里特島，英軍撤退，因無飛機掩護，損失頗大。今後地中海戰事，重心將在敘利亞一帶。吳市長約晚餐，有陳芷汀君在坐。

6月3日　星期二

上午八時出席行政院會議，據外交部長報告，根據駐柏柏陳大使情報，德國官方消息，日本對美國希望之和平條件：（1）日、美不參加歐戰；（2）美國調和中、日戰事；（3）美國承認滿洲國；（4）日、美共同經營遠東、南洋；（5）美國承認日本在遠東特殊地位；（6）日本撤退駐華軍隊。並聞日本商業及海軍贊成，陸軍一

部反對云云。日本最希望在歐洲和平之先解決遠東，與他有利，而近來國際消息，又有德國請美國調停歐洲戰事之說。如遠東先歐洲和平，是與我不利，反之歐洲先遠東和平，是與我有利，頗堪注意。午後回鄉。

6月4日　星期三

美國務卿赫爾與我郭外交部長交換文件，願于中國境內和平恢復以後，取消美國在華特權。此為美國對我無帝國主義野心之證明，與夫中美平等合作基礎之建立。雖不平等條約之廢除，已成必然之趨勢，而唯一前提，是要積極爭取最後勝利。

6月5日　星期四

接見班禪行轅秘書長劉家駒、處長羅友仁等。發表行政院決議取消班禪行轅等善後辦法，今後並著重班禪轉世、坐床事宜。稍一不慎，必生糾紛，邊事之複雜，于斯可見。近日米價仍飛漲，已至一百一、二十元一斗。

6月6日　星期五

昨晚六時半起至十一時半止，敵機廿餘架，分三批襲渝市，投擲多量燃燒彈，曾有數處起火。又某處防空洞，曾有發生窒息情事，致有重大死傷。據防空司令部公佈，五日晚敵機襲渝，為本年第一次之夜襲。四鄉人民因狃于固習，傍晚來城者甚多，以致隧道避難之人超出該洞容量一陪以上，而該洞通風機又臨時發生障礙，

以致秩序紊亂，發生慘案云。

6月7日　星期六

　　午間有敵機竄入市空，投下重量炸彈多枚。午後五時，在本會設席招待圖王夫婦及其隨員人等，並約白雲梯、巴文俊等作陪。

6月8日　星期日
記英攻敘利亞

　　英國軍隊為杜絕德軍東進之路，于今晨與自由法國軍隊進攻敘利亞及黎巴嫩。英國自歐戰爆發以來，敘利亞進兵是第一次採取攻勢，亦可說是地中海戰事開始。以前歐陸戰事，對于英國沒有直接生存之關係，地中海戰事，纔是英、德鬥爭真正開始。惟英軍在敘利亞作戰之際，倘德、義由北非利比亞發動大規模之攻勢，直搗埃及，亦有可能。

6月9日　星期一

　　上午四時起身，五時偕昆田等進城，六時半接見第九戰區副司令長官楊森（號子惠）。七時出席中央紀念週，王外交部長報告外交，蔣總裁報告五日夜大隧道窒息慘案。八時半陪同圖王觀見國府林主席。午後七時奚東曙、胡光麃約晚餐，有胡仲實、胡子昂，及吳國楨、湯小齋等在坐。胡等對隧道慘案非常憤急，在人情上，應該憤急也。

6 月 10 日　　星期二

上午八時出席行政院會議，據外交當局報告，盛傳德國要求蘇聯借道巴庫等地攻英國，及租借烏克蘭，蘇聯感受威脅。又軍政當局報告，中條山之役，我有三師受重大損失，其餘各部均至安全地帶云。中條山國軍背水作戰于今四年，今次敵人以數倍于前之兵力來犯，予以重大打擊，然後轉移陣地，足以自豪也。午後回鄉，道經山洞，看蔣雨岩兄病，劉醫生量伊血壓一百九十八度，仍未脫危險時期。余請劉醫順便量余血壓，一百十五度，較之兩年前約增二、三十度。余覺一切強健，如再加以調養，當可回復常度。

6 月 11 日　　星期三

記大隧道慘案

本月五日夜間空襲，較場口大隧道中發生窒息慘劇，死傷至夥，或謂有七、八千人，或逾萬，議論紛紜，傳說不一。綜合市政府、防空司令部、振濟委員會之報告，約在一千三百人之譜。如此浩劫，古今少有，誠屬吾黨奇恥大辱，不但目不忍睹，心不忍想，即耳亦不忍聞。這些市民不死于敵彈，而死于窒息，真是萬分慘痛。誰負其責，誰主其事，實有詳查之必要。蔣總裁手令組織審查委員會，以期查明真象，俾明責任，而資處理。又令組織防空洞管理委員會及防空洞技術改進委員會，此之謂亡羊補牢，未為晚也。吾以行政院乃國家行政之總樞，實亦應負連帶之責，以平生者之憤，而昭死者之冤。

6月12日　星期四

昨午敵機七十二架分三批襲渝，丟下傳單，內多離
間之詞，並說美國調停中日戰事及承認蔣委員長一節。
這很可表現敵人弱點，無力解決中國。吾人只要能爭取
時間，其最後勝利必屬于我。荷印、日本談判決裂，日
本決定召回代表團。而最近倫敦泰晤士報強硬表示，任
何國家如攻吾人同盟國，英當利用新加坡與之週旋。美
駐日大使亦表示，美國雖未實際作戰，但已置身戰事之
內云云。現在日本對英、美只有戰爭與退讓兩路可尋，
恫嚇手段人家是不怕的。但日代表團長芳澤尚稱繼續努
力，但亦準備隨時撤退，可謂無聊矣。

6月13日　星期五

記德國恫嚇蘇聯

倫敦十二日消息，自波羅的海迄黑海之蘇聯邊境，
已集中德軍八十師至百師，德國將于今後數日，或本月
杪進攻蘇聯。至德國究竟意圖如何，傳說紛紜。同時蘇
聯駐英大使曾向英當局保證，蘇聯未與德國進行任何政
治、經濟、軍事談判，亦未有如外間謠傳，與德國成立
任何劃分伊拉克、伊朗及其他近東地方兩國勢力範圍秘
密協定云云。照這樣看來，英國在近東、中東局勢較為
穩固，而德對蘇如此恫嚇者，其目的在烏克蘭產麥區、
高加索產油區及壓迫蘇聯與德合作。這皆是蘇聯外交之
反復無常與不擇手段之結果也，時至今日，沒有人敢與
蘇聯做朋友，現在禍既臨頭，無法躲避，只有戰爭與屈
服兩途可尋耳。蘇聯最希望德國向近東發展，日本南

進，促成中、英、美、德、義、日大混戰，他坐收漁人
之利。現已弄巧成拙，要露狐狸尾巴了。

6 月 14 日　星期六

美輪羅賓穆爾號沉沒案，美國宣布德應負責，將提
僅次于宣戰之抗議。德稱擊沉赴英輪船為正當。雙方強
硬，則有決裂可能。馴叔初中三年級期滿，舉行畢業大
考，今日考畢。午後步行回家，仍須準備會考及高中升
學考試。

6 月 15 日　星期日

午後偕少魯進城，馴叔同行，至小龍坎下車回校。
大約再有十日可以放暇回家。

6 月 16 日　星期一

午前八時至軍事委員會參加擴大紀念週，全國第三
次財政會議、四川清鄉會議，同時舉行開幕典禮。國府
林主席訓辭後，繼由蔣總裁訓辭。其中有一段較重要
者，就是土地政策及糧食管理，兩件事必須實行，否則
不能抗戰，就要亡國。即有土豪劣紳從中阻擾，亦所不
顧。以滿清末年勢力，我們尚能革命成功，對于土豪劣
紳，是不成問題云云。午後訪李石曾兄，他新由歐美回
國。接見劉真如，他將往河南任省黨部主任委員。

6 月 17 日　星期二

上午八時出席行政院會議，決議陝西省政府主席蔣

鼎文另有任用，任命熊斌為陝西省主席。午後回鄉，始
知今晨六時以前，以永場為中心，東西約三華里寬度，
為颶風所襲。屋瓦紛飛，甚至有坍塌者，有許多大樹折
斷，或連根拔去，誠屬希有之大風。余家在一小山上，
亦受同樣之災，所幸人平安耳（此風經過約三、五分鐘
之久）。

6月18日　星期三

考試院秘書長老友許公武兄來訪，留午餐。他自考
試院開辦以來即任秘書長，迄今十有餘年，論資格早應
升遷，惟忠厚太過，乃亦一大原因。他很坦白說戴院長
喜怒無常，飲食無節，起居無度，十二個字批語。余深
知戴先生聰敏過人，惟身體較弱，以致肝火太旺，在所
難免。

6月19日　星期四

美國封存德、義在美資金，繼之封閉美國全境德國
領事館，德在美文化機關亦限期撤退。因此美、德外交
緊張，聞德國正考慮報復辦法。惟德大使館尚存在，表
示兩國尚未斷絕邦交。美國動機是在防止德國第五縱隊
之活動。

6月20日　星期五

接見黨政工作考核委員會、中央政務考察團團員李
善鋆。他此次來考核本會工作，余與之暢論邊疆之得
失。他因前在蒙藏委員會北京辦事處服務，對于余議論

相當明白。

6 月 21 日　星期六
　　得南開中學通知，馴叔初三畢業考試成績合格，照
該校審查標準，保送參加會考。聞之大家歡喜。

6 月 22 日　星期日
記德土訂約
　　德國、土耳其簽訂友好條約，相約尊重彼此領土完
整性與不可侵犯性，同時換文促進經濟關係。這是德擬
先使土中立化，再向蘇聯提要求，在目前雖不致妨礙
英、土邦交，但是削弱英在土勢力之開端。查土耳其橫
跨歐、亞兩洲，是巴爾幹、地中海、近東之橋梁。此約
訂後，德至近東之道路，暫告斷絕。英、土兩國目前是
有利的，與蘇聯是最不利的。英在近東既進一步穩固，
自可加強遠東之軍備，這又是與日本不利的。

6 月 23 日　星期一
　　午後進城，昆田同行。美國封閉境內德國領事館，
德國為報復計，聯合義國照會美政府，要求撤退美領
館，連德佔領區亦包括在內。因此德、美邦交已至特別
緊急狀態。

6 月 24 日　星期二
　　上午八時出席行政院會議，議案不多，九時半即散
會。午後回鄉，連日大雨，秋收有望。

記德蘇宣戰

德、土友好條約甫簽字，德、蘇戰事即發動。吾于一月十二日日記中判斷，德、日終將攻擊蘇聯，果于廿二日晨，德國突然對蘇聯宣戰，義大利、芬蘭、羅馬尼亞亦同時向蘇聯宣戰。蘇境都市多處立即被轟炸，戰火燃遍全歐。德元首希特勒宣戰理由，責蘇聯不履條約規定，陳兵邊境圖牽制德軍。德國前因對抗英國包圍政策，不得不與蘇聯結好，乃是戰略上之關係。蘇外交當局宣言，德國事前未提要求，蘇軍決迎戰。

這次德、蘇之役，確是納粹主義與共產主義之決鬥，也是德國恢復立場之戰也。雙方動員千數百萬，飛機一、二萬架，戰線二千五百英里。

德國係用閃擊戰，求速戰速決，期望在本年寒期前三數月內，結束戰事。倘蘇聯用繆著戰，延長至寒期，則于蘇聯有利。

英首相邱吉爾廣播演說，對蘇聯提保證云英對德作戰到底，決不妥協，蘇聯之危機，即是英、美之危機。英國援蘇方法，將以英機晝夜不斷襲德，並予蘇技術、經濟援助。

日本有德、義、日三國同盟，及蘇日中立條約同時存在，又想趁火打劫，因此情形複雜，徬徨難于決策。就吾人判斷，不外暫時中立，或北上攻蘇聯，抑或南進戰英、美。此三項辦法，各有利害，以暫時中立較為妥當。既可向各方討價，又可看德、蘇戰事之勝負，再行投機，亦未為晚，但要負不忠實三國同盟之責任。

我國除與日本為敵，其他各國均願與我為友，我內

部應加強團結，外交當局應加強運用，則收復失地，復
興民族，是無問題的。

6 月 25 日　星期三

　　近日敵機襲西安、蘭州，四川之松潘、西康之雅
安、青海之西甯均首次遭轟炸。馴叔會考完畢，據云成
績尚佳，今午後回家。

6 月 26 日　星期四

　　美對蘇不引用中立法，美輪將駛太平洋蘇聯海港。
此乃美國實行援蘇之重大表示也。

6 月 27 日　星期五

　　本會政治訓練班本日上午八時舉行暑期散學典禮，
余兼該班主任，特親往主持，並訓話。大意青年修養須
胸襟擴大，意志堅定，尤其是本班學生，更須此種精
神，然後方可為人所不願為之邊疆大業，末說三民主義
精神之所在。

6 月 28 日　星期六

　　接見河南省政委員楊仲明君，他來渝出席財政會
議。他前在安徽任專員、縣長等事。據華盛頓合眾電，
東線蘇聯有陸軍一百六十五師（西北利亞當然除外），
每師兵員一萬五千名，第一線飛機四千架。德國有陸軍
一百六十七師，飛機六千架；羅馬尼亞軍二十師，飛機
一百六十架；芬軍十師云云。以如此大兵與武器作一次

會戰之用，實開戰史之新紀錄。德國當局判斷，在一個
內即可終結戰事，故戰局之大勢，將于此一週內決定。
文叔在重慶大學商學院畢業，今日回來，全家歡喜。將
于八月間入金城銀行服務。

6 月 29 日　星期日

今午敵機六十餘架分兩批襲渝，英大使館全部炸
燬，參事包克木等四人受傷。又市區某橋防空洞口落一
炸彈，死傷同胞一百餘人。午後偕昆田進城，過歌樂
山，訪鄧孟碩兄夫婦，他任中央常務委員、國府委員，
學術均優。

6 月 30 日　星期一

上午七時參加中央紀念週，適新外交部郭部長泰
祺、糧食部徐部長堪舉行宣誓就職典禮。現在外交、糧
食已成抗戰目前兩大要政，糧食問題尤為嚴重，很希望
能得一澈底有效解決。九時過江，赴小溫泉訪偕子兄，
于途中遇緊報，至十二時解除，再前往。關于余蒙藏會
出處，他贊成余之主張，決心辭去，不必採積極方式，
待機會，順自然。午後四時半回城。

7月1日　星期二

上午八時出席行政院會議，決議以儲應時為安徽省政府委員兼建設廳長。午後回鄉。

7月2日　星期三

德、義承認南京傀儡組織，我政府對德、義斷絕邦交，立即撤退駐德大使、駐義代辦，暨德、義使領館全體人員。此可證明軸心進一步勾結，及日本最後必跟著軸心走，更可表示日本北攻蘇聯之姿勢。從此世界大勢，更可進一步澄清。中、英、美、蘇四大國家，只有團結一致，對抗軸心國一條道路。日本早晚是要進攻蘇聯的，蘇聯應該採主動地位，先發制人，立即進攻日本，則勝算可期。否則被日本出奇襲擊，其勝負殊難預料也。果蘇、日戰爭爆發，當然與我有利，但美國態度，甚關重要。我們很希望美對日參戰，先將太平洋問題予以解決。

7月3日　星期四

德、蘇開戰以來，雙方宣傳勝利，但蘇軍戰線為德軍突破是確實的。據美國消息，德、蘇戰局已達最高潮，德突入部隊，迫近離莫斯科三百六十公里地點。蘇聯戰線完全陷于四分五裂之狀態。在後方之紅軍，若具有充分之戰鬥力，則德軍突出部隊，反而有被紅軍包圍之可能性。今後數日內，德蘇戰爭，當可見分曉云。

7月4日　星期五

　　近二十年來，余右背板筋若受風寒或天陰，即酸疼，特于今晨往虎溪河、白鶴場鄉間，請補曉嵐老醫生針治。補先生現年七十四歲，身體強健，醫學經驗甚宏富。補先生與老友焦易堂兄同住一屋，焦夫婦留余午飯，招待殷殷，殊深感謝。午後回家。近日天氣炎熱，今日尤甚，室內已至一百〇二度，且有七日之久，為余入川四年來所未有之奇熱。

7月5日　星期六

　　見中央政治考核團李善鋆，他考核本會工作完畢，特謁余辭行。

7月6日　星期日

　　本擬今日進城，因天熱，改明晨進城。現在急望落雨，否則影響秋收關係甚大。余前介紹魯書到糧食部任專員，徐部長可亭即照委，余十分感謝。

7月7日　星期一

　　晨四時起身，五時進城。七時至國民政府參加中央紀念週，及七七抗戰四週年紀念典禮，由國府林主席領導行禮，蔣總裁訓話。余因天氣太熱，頭發暈，故先退。頃間發出警報，有敵機二十餘架，分兩批竄入市空投彈，十時解除警報。午後六時又有警報，有敵機十數架，分三批入市空擾亂，十一時解除警報。余于兩次警報，皆在化龍橋農民銀行防空洞躲避，計七小時之久。

連日炸燬住宅既多且廣，余借住之重慶新村廿一號房屋，大部分亦于昨夜炸燬，不能居住。午後在吳市長破宅休息。夜間借雨岩兄未炸燬破客廳下榻。今日食住均感困難，又加天熱，因此十分疲困，其他無住無食之平民，更不知幾許矣。蔣總裁七七紀念告友邦書，內有歐亞戰火蔓延，禍首實為日本。反侵略國家應儘速制其先機，唯有撲滅日本，歐戰始易解決云云。

7月8日　星期二

上午八時出席行政院會議，因有警報，遂即散會。余仍至農民銀行防空洞躲避，九時半解除警報後，余即回鄉。敵人調侵華總參謀長板垣征四郎任朝鮮軍司令，岡村寧次任華北軍司令，又更換旅順要塞司令及繼續撤退留蘇聯僑民。這都是敵人佈置北進攻蘇陣容，尤以板垣是少狀派攻蘇、反共、大陸政策之中心人物，蘇聯如不積極放棄妥協心理，則必受日本出奇襲擊，是無疑問的。英、美要澄清太平洋為一勞永久計，亦應積極發動，如蔣總裁所說制其先機，否則必為敵人各個擊破。

7月9日　星期三

美國佔領冰島是阻止德國佔領大西洋任何軍略前哨，用以攻擊西半球。反之，美國可用作海、空軍根據，進攻德國。美國此舉，既已進至德國所宣佈之戰區內，是美國參加戰事，更進一步。

7月10日　星期四

清晨乘滑竿至距離永興場十二華里之豐文山訪蔣雨岩兄。該山四面懸岩，上有如城大古石寨，內有古唐廟，遠望萬山圍繞，風景甚佳。雨岩兄病較前有進步。又順訪纕蘅兄，並午餐，適有警報。又訪王葆齋兄，四時回家。

7月11日　星期五

上午八時主持各小組組長會議，據各組長報告，均較前確實，尤以研究食糧及國際局勢，與夫邊疆宣傳，切合時宜。會計室積極辦理舊壓之報銷，適合我心。余又臨時提案，中央邊政機構問題交各小組研究。天氣乾燥，室內已至一百零四度。

7月12日　星期六

接見圖札薩克及隨員人等，他們畏天熱，亟想北返，現正積極代為準備。敘利亞法軍求英停戰，英國在近東聲威大震。如蘇聯能牽制德軍，英軍再登歐陸作戰，亦有可能。

7月13日　星期日

今晨忽降甘霖，天氣轉涼，室內寒暑表降至八十度。禾苗尤為需要，真是時雨。今日是陰六月十九日，觀音普薩會期，鄉人多習為雨期，今果得雨，豈觀音有靈乎。

7 月 14 日　星期一

中央最近一年來辦事較為確實，所謂官僚政治將變為專家政治，理論政治將變為實際政治。如能本此精神向前邁進，可收綜覈名實之果。

7 月 15 日　星期二

英、蘇簽訂互助協定，決不對德單獨媾和，已在莫斯科簽字，立即生效。這是料想不到一件事。德最初利用親蘇攻英，勝利後又想和英攻蘇。英不為所騙，反使英、蘇攜手，這是德國大大失計。國際變化五光十色，愈變愈奇，非吾人可預料者。目前變化要看美、日之動態，預料日本不外北進、南進、靜觀、對華繼續侵略，或自動撤兵，或妥洽英、美，無論採以上何種辦法，均不能圓滿，真可謂站在十字街頭。蘇聯佈置尚未成，忽受德國奇襲，于過去三星期之第一次會戰結果，蘇軍敗退。據蘇自稱，已損失飛機一千九百架、坦克車二千二百架，其他武器人馬之損失，更可想而知。現蘇軍堅守世界聞名之斯特林防線，並發表西北、西南、西三路總司令。德國是以列寧格納、莫斯科、烏克蘭三個地點為攻擊目標，雙方即將展開主力大決戰。此戰雙方祗有勝利與慘敗兩途可尋，均作孤注一擲，戰事當然較前更為猛烈。就我判斷，蘇軍若採攻勢防禦，或有擊破德軍希望，最低限度，可以維持現狀，否則死守很長防線，則隨時隨處有被德軍突破之危險。聞蘇軍擬採用我國抗日方法之焦土戰、游擊戰，將戰事延長。果爾，德軍必感困難，蘇聯可望最後勝利。還要看蘇聯紅軍精

神，與內部團結如何耳。

7月16日　星期三

　　約同鄉楊仲明（號月生）午餐，他原籍合肥北鄉東
寶寺，寄居舒城已有數十年，中央大學畢業。余民國廿
一年任皖主席時，他任鳳陽縣，嗣調任廣德縣，人頗精
明，長于應付。現任河南省政府委員，此次來渝出席財
政會議。

7月17日　星期四

　　英國駐華大使卡爾照會我外交部郭部長，稱奉英國
外交大臣命，候遠東和平恢復時，願與中國商討取消治
外法權（即領事裁判權），交還租界，並根據平等互惠
原則修改條約云。查英國是最早侵略中國，自鴉片煙
戰爭之結果，佔我香港，陸續訂下種種不平等條約，迄
至百年餘矣。今英繼美之後表示取消此項不平等條約，
這皆是我同胞五十革命，與夫四年抗日之大流血之收穫
也。凡事不怕失敗，祇要本身能振作，能奮鬥，能犧
牲，未有不可恢復者。仍望我全國同胞一致努力，向建
設新中國之途邁進，方可根本肅清百年來之外禍也。

7月18日　星期五

　　午十二時敵機二十餘架襲渝，英大使住宅一帶投甚
多。現在物價仍飛漲，城內米糧尤甚，殊為可慮。

7 月 19 日　　星期六

　　敵人自德、蘇開戰以來，國內主張不一，意見紛歧。現內閣受各方指責總辭職，于四十八小時內成立新閣，仍以近衛為首相，所謂近衛第三屆內閣是也。新閣閣員大半是留舊人，新閣員僅五人耳。閣員十四人，有七個是軍人，尤其是海軍大將豐田貞次郎任外相，較為特別。豐田是海軍強硬派，是表示海軍負責。這次內閣最主要是把舊閣外相松岡逐出，因他簽訂一個蘇日中立條約，現在將他刷出，就是要放棄蘇日條約之先聲。總之敵人一定要動手，現在力量不夠，須積極準備，一面觀望時機，或先取安南作根據。英、美、蘇要先發制人為宜。

7 月 20 日　　星期日

　　午後進城。重慶新村廿一號住屋（三層小樓房）迭經敵機轟炸，已燬其大半，殘餘一半破敗不成樣子，且危險堪虞。本年炸燬住宅甚多，除此破屋，又找不出其他住屋，祇得冒險居住。孟子云，知命者不立于巖墻之下（這是教人識時機、知利害），但余于不得已時，亦祇有立于巖墻之下矣。同時天氣炎熱，至一百〇七度，據久住重慶者云，為四十年來所罕有。其他飲食等事，更感困難，因此余身體大有難支之勢。余向來不畏熱，何今畏熱如是耶，皆因身體衰弱有以致之也。

7 月 21 日　　星期一

　　上午七時出席中央紀念週，糧食部徐部長報告糧食

政策，略謂川省糧食無問題。以現在情形，本年已有八
成收獲，在新穀未收之先，軍糧、民糧均已準備，若
無異外問題發生，必有把握。繼述糧食部五大工作：
（1）增加生產；（2）解放農民；（3）控制餘糧；
（4）管理統制；（5）健全機講等語。紛擾一年最嚴
重之糧食問題，茲據徐氏報告，已經解決，同人聞之十
分欣佩。

7月22日　星期二
記行政院討論中印築路事

　　上午八時出席行政院會議，蔣院長親自主席，開會
討論中印築路。現在西南國際交通祇有滇緬一線，自從
安南海防一帶為敵所據，該線時受威脅，深恐被其截
斷。故擬另築一路，自西康之西昌（西昌原屬四川，劃
歸西康）經雲南之永寧、中甸，及西藏所轄之察隅入印
度，即所謂中印公路是也。英人為其利害計，主張經過
緬甸北部入印度，不必經過藏境，但在我方為國防及對
藏計，當然以經過藏境為有利。最初計劃修築公路，現
交通部為一勞永逸計，擬改修輕便鐵路，美國並允借
一千萬美元鐵路材料。外交部長報告英國外交已辦妥，
交通部長報告測量隊已出發，將經甸、經藏南北兩線同
時測勘，然後決定何線有利，即經何線。余亦報告與藏
方交涉經過，據駐藏孔處長報告，藏方于此事須開人民
大會決定，這就是藏方第一步推諉。余當以主管長官名
義，逕電西藏攝政打札暨噶廈公所，謂為抗戰運輸起
見，中央決定建築中印公路，測量隊已經出發，英國亦

已贊同，希轉飭予以保護及便利。繼又報告察隅地處西藏東南，氣候溫和，土地肥沃，英人久已垂涎，視為囊中物。我方經過該處修路，他精神上、心理上當然是不贊成。蔣院長非常重視此路，在院會席上指示甚多，希望藏方兩星期內答復。散會後，余訪交通張部長，商議擬與西藏相當利益。如：（1）與築路有關所須經費，可以補助；（2）西藏政府亦可派高級職員參加路局；（3）將來路成，營業獲利，藏方亦可分潤。總之我方志在築路，對于藏方無關國權之利益，可以儘量允許。遂于午後回鄉，特以上情形電達孔處長，速與藏方交涉。此路不僅有關國防，更于政治、經濟有莫大關係。據張部長云，連材料、借款及工程等費，約需法幣七萬萬元。事體重大，于斯可見，余當盡心竭力完成對藏交涉。

7 月 23 日　星期三

伊盟郡王旗圖札薩克日間將返旗，本日午後招待余夫婦及本會同人晚餐。昨日行政院會議發表現任外交部次長徐謨為駐澳大利亞第一任公使，以中央委員傅秉常繼任外次。

7 月 24 日　星期四

魯、仁兩叔，年已五十內外，體力日衰，家境不豐。茲逢玉珍、育陵兩妹在復旦大學商學院畢業，即將服務社會，兩叔家得此幫忙，切合時宜，余亦代為歡喜。兩妹不僅品行端正，尤能吃苦耐勞，且為我吳家女

子在大學畢業者之嚆矢，更值得慶賀也。

7月25日　星期五

　　上午十時召集本會常務會議，因大雨，委員出席者
甚少，當即討論三十一度行政計劃。自廿三日起，一連
三天大雨，秋收確有把握，糧價一致下跌，這是最好現
象。尤令人舒適是天氣轉涼，寒暑表由一百七度降至
七十二度，大有初秋之意。道叔姪來函云振家生病，用
去壹千伍百元，接濟肥鄉家用七百餘元，共二千二百餘
元，均係借貸，要我代還。余復大意謂，余向來不替人
還債，但振家醫病一千五百元，可照付。肥鄉人口眾
多，且多不事生產，如擬接濟，要看自已力量，不可勉
強，否則借債接濟，然後要人家代還，這是不合情理。
建文、郁文等學費已按期匯去。

7月26日　星期六

記日本全國動員及佔領越南

　　日本全國大規模動員，聞不夠資格亦應入伍，已退
軍人再招入伍，華北軍隊運輸頻繁，關東軍亦在積極加
強中。日閣發言人稱無意于蘇聯任何特別保證，且亦未
給予蘇聯以關于中立條約之特殊保證。這是日本公開
取消前外相松岡與蘇聯所訂互不侵犯條約，並表示即要
北進，蘇聯對日已立于屈服與戰爭之十字街頭。法國再
對日本屈服，將越南南部一切海、陸、空之根據讓與日
本，也是變象佔領越南全部，因此更接近南洋。英、
美、荷勢力範圍，新加坡、菲律濱群島、荷屬東印度均

受最嚴重威脅，英、美、荷感覺不安，且日本將更進一步壓迫泰國，獲其經濟及根據地。

就日本最近行動判斷，是北進成分較多。日本很知道英、美、蘇目前不願對日戰爭，他即利用英、美、蘇此項弱點積極準備可攻、可守、可戰、可和、可進、可退，乘機發動之陣容。然後討好德、義，恫嚇英、美，威脅蘇聯，壓迫中國，俾好不戰爭得利益，及解決中國事宜之目的。日本心理亦是不願作戰的，萬一要求不遂，認為機會成熟，必定發動戰爭的，這都是日本面面俱到，取巧如意算盤。日本心理既是如此，中、英、美、蘇四大國應堅強團結，一鼓作氣將敵殲滅，萬不可一誤再誤。

7 月 27 日　星期日

曾甫養兄來訪，他前任滇緬鐵路督辦，嗣因滇緬交通被敵要求英方封閉，該路亦即停之。現在滇緬交通早經恢復，該路從新開工繼續修築，曾氏將于日內飛滇，特來辭行。曾年力富強，頗有勇氣，與余感情甚好，其他方面對之則毀譽各半也。美總統羅斯福聲稱日本對越南之策動，已使美國完全覺醒，澈底認清國際局勢險惡萬分。英國廢棄英、日商約，美、英封鎖日本存金，英、美平行加緊經濟制裁之開端。美總統同時宣布，應我請求封鎖我方存金。據金融界之觀察，我在美資金，必須同時封存，始克奏效，否則滬外匯難免落敵手。我被封之外匯，將來仍可動用，此與南北組織亦予以大打擊。荷印、加拿大及英國屬地，均紛紛封閉日資金。

英、美以經濟壓迫日本，尚覺不夠，日本以被封二萬萬美元換一安南，總算是大討便宜。英、美應採積極行動，否則如醫病然，藥是用對了，但藥力太少，病是不會好的。

7月28日　星期一

上午接見蒙古新第三師政治部主任紀貞甫君。據云新三師計步兵兩團、騎兵一團，所有官兵蒙人與漢人，約各居半數。昨、今兩日，清晨七時左右即有警報（每日敵機四、五批，五、六批不等），午後四時解除，經過八小時之久，渝市、自流井、城都等城均被炸。城都昨日死傷一千餘人，情形更慘。渝市四年來，而警報八小時不解除，尚屬少有。

7月29日　星期二

上午四時起身，五時半偕文叔、譚繼雅進城。繼雅在重慶大學商學院讀書，本年四月期滿，應舉行畢業大考，因分娩未能應試。本日前往補考，六時半到重大。七時半出席行政院會議，適有警報，遂將重要案件予以處理，即散會，所費時間不過十五分，此為余出席行政院會議五年來最快之一次。因本會委員李環約午飯，即偕少魯、芋龕到土灣李家，時纔八時半，李君招待殷殷，令人可感。今日分六、七批在渝市及附近城縣轟炸，至午後四時半解除警報，計九小時之久，打破歷來警報記錄。遂接繼雅到李家晚飯，一同回鄉。

7 月 30 日　星期三

　　拉薩孔處長來電，已與西藏政府洽商，我方經過藏境測量中印路，藏政府已允飭屬保護，並予便利。俟測量完成後，將經過路線通知藏方，再開人民大會決定之云云。藏政府既無條件允許保護測量隊，是接洽已告初步成功，且如此迅速，殊出意外，十分歡慰。遂即轉報蔣委員長，並復電嘉獎孔處長。此乃余入藏後，對藏問題又一成功。今晨七時半發出警報，午後二時半解除。敵機一百卅架，分數批轟炸渝市及其他城縣。

7 月 31 日　星期四

　　魯書叔日前進城就糧食部專員，因數日來敵機轟炸，過長時間防空洞生活，又加天氣炎熱，以致患較為嚴重之痢疾。本日午後得信，即派車進城接其回鄉診治。他自廿八年離開蒙藏委員會以來，精神一蹶不振，凡事多不順手，尤以昨年老太太去世，今年生意失敗。現方得糧食部專員事，俾可維持目前生計，不料病又纏身，豈真命運不佳耶。

8月1日　星期五

　　日本對英、美報復，亦宣布封存英、美資金，中國倫陷區亦在其內。日本輿論激烈反美，金融市場亦極紊亂。汽油僅敷半年之用，美若禁運，可制其死命。侵入越南之敵軍，聞將一部駐緬越邊境，果爾，大有影響滇緬交通可能，深堪注意。德國對蘇聯估量太低，現正在斯摩稜斯克一帶受蘇聯堅強抵抗，因此德軍閃擊戰將變為陣地戰，且德軍受風沙及道路不良之阻礙，前進益感困難。德國如不能照預定計劃，很快擊敗蘇軍，則將蹈日本侵華之覆轍。

8月2日　星期六

　　圖札薩克因天氣炎熱不慣居住，擬于今日起程返蒙，其餘未了事宜，另留隨員在渝辦理。圖清晨來辭行，余親往其住處送行。

8月3日　星期日

　　為良叔改名。據李芋龕君云，良叔八字為其兄弟中最優秀者，惜火不足，故特將良叔，改為光叔。光者火也，更取光明正大之意，遂于昨日函香港沈兆麟弟照改。又據李云，光叔八字，頗似清代張之洞先生。查推算八字在科學昌明時代，可說是迷信、是腐化，但風行二千餘年不能推倒，就是易經數理存在其中。

追記與蔣委員長談命相

　　回憶民國四年（或三年），蔣委員長家住上海法租界新民里二號時，某一日他在家嘆氣，余曰，你的相貌

很好,是南人北相,尤其像長淮人的相,將來必定可幹
大事,他聞之很高興。民國十六年,他由廣東率軍北
代克復南昌,他約我前往見面,于晚餐席上,問我對于
看相算命這件事怎麼樣。答曰,凡動物皆有相,如馬之
良否,狗之兇否,一望而知。人亦是動物之一種,安得
沒有相,且古今中外論相很多,如孟子說,存乎人者,
莫良于眸子,胸中正,則眸子瞭焉,胸中不正,則眸子
眊焉。至于算八字,由來以久,社會相信已深,其中是
易經道理。政府對于命相,不必提倡,亦不必取締,聽
其自然變化。蔣及席中諸人深然其說。蔣委員長相貌大
概如下:中等身材、紅光滿面、聲音宏亮、沉默寡言、
鼻樑高正、目光射人,這是他相中最精彩處。其他如天
庭、顴骨等部位優點甚多,一望而知是偉大人物。

8月4日 星期一

　　上午九時主席本會紀念週。泰國受日本壓迫承認偽
滿洲國,並以一千萬泰幣信用借款與日本正金銀行,將
來日本即以此款購買泰國物資。這是日本對泰國經濟侵
略,將進一步對泰要求利用軍事根據地,以交換越南割
讓老撾等地為條件。美、英太忽視,儘使泰國倒到日本
懷裡。日本南進又更進一步,南太平洋全部受威脅,緬
甸、馬來亞更危險。我國軍隊應向西移動,中、英切實
聯防,鞏固滇緬,待機出擊。美國禁運油類輸日本,已
禁運之飛機油絕對禁運。吾人聞之,極為欣慰,此舉實
為一種有效武器。

8月5日　星期二

清晨四時起身，五時半開車進城，八時出席行政院
會議。散會後，應交通部彭次長學沛約，在蔣秘書長室
談中印築路事。他主張外交部、交通部、蒙藏會派員會
同測勘路線。余以為部分多必複雜，結果難有把握，
仍以交通部單獨測量為宜，如對藏有須本會幫忙者，自
當予以照辦云云。十一時到中國興業公司奚東曙兄處午
飯，飯後回鄉。

8月6日　星期三

渝市防空韻語

空襲時間早，晨餐早備要吃飽。

空襲時間長，各帶飲水與乾糧。

空襲時間多，趕緊疏散到鄉坡。

空襲時間來，家家門燈早安排。

8月7日　星期四

中央重視邊政，特于有關邊政機關，組織康青考察
團，計團員廿餘人，考察軍事、交通、經濟，本會派調
查室主任吳景敖君參加。吳君今午來辭行，余將應注意
各點，詳加指示。

8月8日　星期五

侵越日軍續開泰國邊境，圖迫泰國就範。英海、陸
軍增加新坡，美艦抵澳大利亞，太平洋空氣漸惡化。倫
敦人士觀察，對日經濟制裁太草率，不能制止日本繼續

南進或北進。

8月9日　星期六

今日敵機三次襲渝。夜一時半一次，早、午二次，每次約四小時之久，夜一次僅飛機三架，餘兩次約廿架左右。惟時間過長，各同胞疲于奔命，飲食已成問題，尤以夜不能眠為苦耳。

8月10日　星期日

英外相艾登演說警告暴日，謂日本對泰國實施壓力，英、日間最嚴重形勢發生，因而必難避免。同時美國務卿赫爾重申反對侵略，尤關切日本在泰國之任何策動。英、美照會泰國，促取堅定立場，拒絕日本利用泰國根據地之要求，日本如向泰國進攻，則英、美即以軍需品供給泰國。若是英、美已初次露骨反對暴日南進，但僅有供給泰國軍需品一語，尚感不夠。緣暴日深知英、美不願戰爭（余于七月廿六日記載，判斷日本行動甚詳），因此暴日用威脅與嘗試方式漸漸南進，倘英、美表示用武，暴日或可暫時終止前進。總之泰國已成太平洋上之大藥庫，隨時可以爆發。

8月11日　星期一

自昨晨起至今晚止，在此卅六小時內，警報頻傳。昨晨七時許發警報，至十一時半解除。下午二時又發報，四時許解除。晚間五時許又發警報，至夜一時許始解除。未幾，四時許又發警報，直至下午二時始解除。

不過休息半小時，又發警報，至五時許解除。旋于六時
發警報，七時解除。這是我們在鄉間居住，尚可于解除
休息，但猶覺不勝其繁。想及身居渝市中者，夜不得安
眠，晝不得一餐，奔走喘汗于防空洞內外，其痛苦尚可
言哉。城鄉之間不啻有天堂地獄之別，吾人置身鄉間，
良應益自刻苦，加倍努力，以回答敵人之慘暴。

8月12日　星期二

　　夜一時起，敵機分三批襲渝，每批二、三架不等，
至晨五時解除。余六時開車進城出席行政院會議，七時
行至新橋忽遇警報，遂就近至實業銀行防空洞躲避，十
時解除，因已過院會時間，即轉車回鄉。路過和尚坡訪
陳樹人兄，十一時抵家。隔半小時，又有警報，至午後
一時廿分解除。三時十分警報，五時解除。以上是居鄉
警報情形，尚可休息進餐，其居渝市者，在此十六小時
內，很少解除警報，僅能在防空洞口酌予休息。敵人近
數日所來飛機多至廿餘架，少至二、三架不等，不過次
數多，時間長，擾亂暫時不能辦公而已。敵侵華四年無
功，欲進不能，欲退不可，各線戰事均已成停頓狀況，
祇得以少數飛機到處擾亂，維持侵華面子，俾好謀南
進、北進之投機。其中途窮日暮，于斯可見也。

8月13日　星期三

　　今晨二時發警報，四時解除。五時發警報，七時解
除。七時廿分又有警報，直至午後三時解除。我們于敵
機未臨頭時，即在房中休息，緣防空洞在住屋附近。此

等幸福，實不易得，皆是惟仁夫人燒香念之所賜。聞城
內未及解除警報，僅短時間在防空洞外稍透空氣。

記八月十三日抗日四週紀念

　　四年前的今日，是上海繼蘆溝橋七七事變，發動抗
日戰事四週紀念。查七月七日蘆溝橋中日兩軍衝突係局
部性質，八月十三日上海發動戰事，乃真正中日兩國大
戰開始。在此四年中，我同胞生命財產之犧牲，不知
凡幾，殊堪痛悼。現在戰事危險時期已過，國際形勢已
大大轉好。自英、美、荷印對日經濟封鎖（如封存資
金、禁運汽油等），蘇聯備戰，以及對華戰事無功，反
陷泥沼，皆予敵人之重大打擊。敵已成四面楚歌之勢，
吾人雖然可以樂觀，但吾同胞仍應努力邁進，萬萬不可
因此自滿。至中、英、美、蘇、荷印尤應以擊破日本，
安定遠東為唯一之目的，萬萬不可各為利害所趨使，受
敵人挑撥離間，自亂戰線。倘此次放鬆日本，則將來
中、英、美、蘇、荷印受日本之後患，更有不堪設想
者也。

　　就最近情形觀察，所應特別注意者，英、美、蘇因
受日本武力步步壓迫，不得已佈置軍事，已成應戰姿
態。日如再進，必迎擊（至關于日本取巧方法，已于七
月廿六日記載）。倘日本自知四面包圍之危險，又不敢
立即採取軍事之突破，則祇有用政治方法之突破，與太
平洋有關各國開和平會議，要求在中國開發資源，及承
認滿洲獨立等等，這是最穩妥一著。在英、蘇正有事于
歐陸，美國準備未完之時，對于日本所提面子上可以接
受之條件，當然接受。在日本為突破包圍，接束中日戰

事，許圖將來各個擊破之企圖，亦是大有利益。所最犧
牲者，中國也。吾外交應多方運用軍事，應速求進展，
預防此種情勢之發生。

8月14日　星期四

上午十一時發出警報，旋有敵機九十餘架分批竄入
市空投彈，午後三時解除。奚東曙兄偕中國興業公司總
工程師胡光麃兄（號叔潛）來訪，留午飯，午後五時回
城。興業公司是官商合辦，已投下資本二千八百萬元，
半年後即出大量鋼鐵。胡是商方大股東，該公司由胡一
手創辦者。據胡云，公司人事複雜，內容腐敗。胡是
美國留學生，精明強幹，四川過去實業多由胡家兄弟開
辦者。

8月15日　星期五

上午八時半有警報，因氣候不良，敵機未入市空。
美、英駐日大使對日嚴重警告，太平洋發生戰事，日應
負責。日本新製地圖，竟包括太平洋許多島嶼。

8月16日　星期六

班禪事最複雜難辦，人所共知。善後尚未了，而轉
世尋覓靈童問題又發生。現在有許多方面爭取尋覓，余
遂決定目前應取之原則：（1）根據行政院派羅桑堅贊
辦理之決議範圍內予以調整；（2）儘量避免複雜化，
力求簡單化；（3）慢慢將此事權集于蒙藏委員會。
午後接見班禪辦事處長羅友仁，仍談轉世問題，並囑其

與周秘書、熊科長詳細研究。大概注意歷史上習慣，與
夫前藏政府之意見，總以妥善為原則。

8月17日　星期日

　　美國總統羅斯福、英國首相邱吉爾在大西洋上某處
美國巡洋艦上會見，並有英、美兩國政府要員及海、
陸、空高級長官參加。據其八項宣言中最要者，有重建
世界和平、反對領土改變、尊重各民族自由、解除侵略
國家武裝、援助反侵略國家等等原則。經此次羅、邱兩
氏會談，英、美合作更為密切，且有高級軍官參加，足
證討論軍事，將來或可促兩國軍事同盟。這次會談，意
義偉大，開世界史上新紀錄。英國商務部下命令，禁止
一切貨物運往日本，連敵侵佔區、各代管各地均在內。
此為英、美會談後之第一項重大事件，其目的在表示
英、美決維持遠東權益，將採更強硬之措施。

8月18日　星期一

　　五年前之今日，余在南京就任蒙藏委員會委員長職
務。此五年中，雖有四年是抗日戰爭，但余僅能對藏收
復主權，對蒙不生事端，似覺成績過少。為免誤邊政
計，前已呈請辭職，茲當五年任滿，當再繼續請辭也。

8月19日　星期二

　　昨晚飯後進城，因近來敵機顛狂轟炸，房屋損壞太
多，重慶村二十一號亦一再波及，萬難居住，特在張公
權兄家借宿。上午八時出席行政院會議，九時半有警

報，十時散會，余即回鄉。敵機未入市空，前、昨兩日
亦有警報，敵機亦未入市空，均在城都等處無聊擾亂。

8月20日　星期三

　　馴叔初中既已畢業，今晨赴南開考高中，襄叔送其
前往。馴叔讀書非常用功，不要余煩神，十分歡喜。蘇
聯近兩旬戰事未有進步，放棄中路要地斯模凌斯克，而
烏克蘭西南方軍隊亦繼續撤退，現在基輔吃緊，列甯
格勒苦戰中。因此蘇聯戰局尚未穩固，要防日本投機
閃擊。

8月21日　星期四

　　美總統羅斯福與邱吉爾會談後，首次接見記者發表
談話。謂此次戰爭將為一長期堅苦之戰爭，更努力援助
民主國抵抗侵略。現正考慮中、英、蘇三國一九四二
年及一九四三年之需要，戰爭有延續一九四三年底之
可能。

8月22日　星期五

　　接見吳雲鵬、何永信、李永福。何前任參政員。李
青海世襲土司，據云是五代後唐李克用之後嗣，此次來
渝求學，請余保送金陵大學，李相貌端正而清秀。敵機
約八十餘架分批襲渝，計上午十一時發出警報，午後三
時半解除。市外沙坪壩之中央大學、重慶大學、南開中
學皆被轟炸。

8 月 23 日　星期六

敵軍部機關報主張在內閣之外，或在內閣之上，設
一超等機關，核定緊急問題及國防計畫，海、陸軍部對
此議均表贊同。查敵入侵華四年無功，軍人一再反對內
閣，以致內閣久成軍人傀儡。今時此傀儡形勢皆要根本
打倒，這是一種革命行為，是要流血的，今後敵國前途
之悲慘，將有不堪設想者也。同時政治評論家清水，著
文抨擊近衛首相，謂近衛為矛盾勢力所左右，及主持其
他事業亦無不失敗。該文結論，苟無堅定不移之人物
主持大政，國家將為敵人所擊云。這種公開露骨攻擊
政府，在日本政治上尚屬罕有，近衛之無能，于斯可
見也。

8 月 24 日　星期日

昨日上午十一時有警報，敵機兩批在市郊投彈，午
後三時半解除警報。下午五時偕芋龕、彥龍進城，仍借
住張公權兄處。

8 月 25 日　星期一

上午七時出席中央紀念週，蔣總裁主席並演說。
大意分三點：（1）與外國人見面，要取光明正大態
度，不可東張西顧；（2）辦事要嚴守秘密，否則不能
成功，如公務員不能守秘密，即無做公務員之價值；
（3）八中全會閉幕已四個月，十月底要開九中全會，
所有八中全會決議案，要從速實施。午十二時在奚東曙
兄處午飯。午後五時在中央飯站約胡光麃、奚東曙等便

飯，僅五樣菜，用去一百廿元之多。生活程度之高，可
想而知矣。

8月26日　星期二

上午八時出席行政院會議，討論例案多件。又決
議福建省政府主席陳儀另有任用，以劉建緒繼任主席
案。十時散會。送文叔至金城銀行服務，午後一時回抵
鄉寓。

記最近英美日之動態

在過去三星期中，美、日不斷談判和平。日本要求
將新加坡、荷印、菲律賓、澳洲限制軍備，及幫同解決
中國事件。美國要求日本將安南、泰國變成永久中立之
瑞士。雙方相互較遠，談判迄無結果。英首相邱吉爾昨
日長篇廣播演說，其關于遠東方面，大意謂歐亞戰線打
成一片，警告日本不得再事侵略。遠東政策，英、美併
行作戰云，而美總統亦表示將有以武力打擊暴力云。這
都是英、美對日本談判和平無結果，及看透日本不敢作
戰，特進一步威脅，促其就範，離開軸心，仍一面與日
本繼續談判和平。日本現已至內外嚴重階段，如仍維持
現狀，已有不許可之勢，只有進攻與和平兩路可尋。假
使放鬆日本，和平成功，是與我國最不利的。且吾人
交通、經濟皆在英、美手中，又不能得罪英、美，拒
絕和平。屆時真正不易應付，惟有以革命求出路一個
方法耳。

8月27日　星期三

英、蘇兩軍于廿五日同時入伊朗（波斯），宣稱驅逐德國勢力，然後撤退。伊軍抵抗發生戰事。德國雖同情于伊朗，其如遠水救上近火何。因此弱小伊朗之屈服，自在意中。此後英國在中東、近東地位更穩固，蘇聯抗德減少，南路烏克蘭等處後顧之憂。查英、蘇歷史上素以伊朗為逐鹿場，互爭雄長，今因利害相同，儘能共同出兵，天下事豈可以常理論乎。

8月28日　星期四

余昨夜夢至疏勒，見該地非常窮苦。在一土人領袖（如王公）家休息，見客廳紅色大地毯，多有為蟲蛀破，很現窘像。客廳並無棹椅，頗似西藏客廳之佈置。最奇者，遇故人蔣百器（尊簋）兄，臥于該廳紅地毯上，他說在此養病，什麼事都不管了。當時並未想到疏勒在新疆，迨醒後，素知疏勒為南疆重鎮，不過久未想及該處。今無故得此夢，特記之，以測將來，或余將有新疆之行乎。

8月29日　星期五

上午八時主席本會小組組長會議，各組長報告上次會議交下研究中央邊政機構案。大致分三點：（1）實行統一制，將蒙藏委員會改為邊政部；（2）絕對分權制，劃清有關各邊政機關各負之責任；（3）蒙藏委員會仍舊，另外設邊政部。以上三種辦法，各有利害。余以為中央邊政機構之如何改革，應以中央治邊政策之如

何為轉移，當將各組書面意見交秘書室參考。蓋以現狀下，邊疆確係重要，國際形勢于我有利，亟應乘機收復西藏、新疆、外蒙。除西藏已有計劃陳送中央外，茲向組長會議提出如何調整新疆、如何收復外蒙兩案，交各組研究。十時散會。兆麟弟來函，牛弟（光叔）認字不過兩星期，已識一百〇三字，成績尤佳云。查牛弟本年九月十八日方滿四歲，以此年齡，有此聰敏，殊為欣慰。但恐認字太多，有傷腦筋，特去函囑其慢慢，寓認字于遊戲之中。

8月30日　星期六

美國援蘇聯汽油船，將通日本海赴海參威，這是太平洋上極關重要的事。日本向蘇抗議，蘇聯答稱凡欲謀阻礙蘇聯遠東各港口蘇、美貿易企圖者，蘇聯皆認為不友好行為云。蘇聯近一年來對日取忍讓態度，今則轉趨強硬矣。同時美總統宣布派軍事代表團來華，聲言予暴力征服運動以打擊云。以上兩事，實使日本威信掃地，且內部意見紛歧，真是內憂外患，徘徊于和戰十字街頭。戰有危險，不戰則等于坐待危險，可以說敵國自開國以來，從沒有遭遇過今天困難與危險。再中、英、美、蘇四強連合包圍日本，日漸明朗，惟望積極有所行動，勿失崩潰暴日千載一時之機會。上午九時半有警報，敵機百架（另七十餘架炸他處）分五批在市內上清寺、兩路口，市外沙坪壩、磁溪口一帶投彈。午後三時解除，余即乘轎赴白鶴場，請補一醫生診余宿疾。據云較前有進步，因天時將晚，不及打針，約定稍緩再診。

8 月 31 日 　星期日

　　上午十時發警報，只有敵機一批入市空，其餘數批皆在成都等處投彈。下午四時解除警報。

9月1日　星期一

上午九時主席本會月會及紀念週。午十二時半有警報，有敵機廿七架經過市空，二時解除。

近衛致羅斯福函求和

敵首相近衛致親筆函與羅斯福求和平，並派駐美大使野村面謁羅氏。該函內容雖未宣佈，一般人之推測不外日本將作性質不重要而為數頗多之讓步，以交換美國較重大之讓步。這是日本鞏固新佔領之安南，及準備南北攻勢軍事延宕時間之煙幕彈，現在已引起民主集團遠東陣線上其他國之不安，及德國對東京態度表示惶惑。美國務院宣稱絕不與日本訂片面解決辦法，此項問題之調整須徵求英國、荷印及九國公約各簽字國國家之意見云云。

9月2日　星期二

上午四時起身，偕昆田等于五時開車進城。八時出席行政院會議，決議任命錢泰外交部常務次長，原任次長曾鎔浦為國民政府行政院駐緬甸代表。十時散會，即回鄉。

9月3日　星期三

羅總統重要演說，不與侵略者妥協，盡力保衛民主，為自由而奮鬥，不貪求他國寸土，大量製造武器，運往反侵戰場。

9 月 4 日　星期四

我軍昨晨收復福州閩江南岸，福清城亦再入我手。

9 月 5 日　星期五

敵國以羅斯福總統對近衛首相手函迄未答復，非常著急。又宣傳近衛將在太平洋上日本軍艦中與羅斯福總統見面，試探美國態度。近衛自稱，日本現正遭遇有史以來最嚴重之危機，唯一克服緊急局面之方法，即動員全國經濟力。敵國輿論故作強硬，恫嚇美國，謂日為衝破包圍陣，不惜全國為焦土。就以上情形觀之，無一不是表現恐慌、暴露弱點。我國深知日本無信用，美國不要上他騙，如老虎已入鐵籠，倘再放入山，其後患何堪設想。

9 月 6 日　星期六

全世界矚目之美國運蘇油船，已經過日本函館海峽，先頭一艘到了海參威。日本曾對此事一致呼號決不能漠視，及在日本海實行自衛權之大話。今則如何，只說此問題，尚在交涉中。其色屬內荏，欺軟怕硬之劣根性，歐美人士應該澈底明白矣（我們早已知之）。美國政府曾告日本，欲與美國成立太平上之諒解，則必須脫離軸心國家同盟，並改變侵略政策。今後日本究願與美改善邦交，抑或企圖與軸心國家分肥，甘冒戰爭之危機，全聽東京決定云。美國這樣露骨表示，使日本無計可施，太平洋風雲日漸緊張，日本戰爭乎？屈服乎？已臨最後關頭。我們最要注意者，敵人一面說南進北進，

又一面向美求和平，在這個空間以迅雷不及掩耳之手
段，襲擊滇緬交通或西北交通，截斷我國際聯絡。此舉
在敵人戰略、政略上說，切合解決中國之理想，及南進
或北進之便利。

9月7日　星期日

　　午後偕昆田、氣鍾、承超進城，仍借住張公權家。

9月8日　星期一

　　上午七時出席中央紀念週。八時偕許公武兄訪本會
新委員王應榆兄（號芬庭），廣東人，陸軍學生出身，
到過新疆及俄國及甘、甯、青各省，熟習邊情。最近中
央所組織青康考查團，請他任團長。九時過江赴南溫泉
訪羅佶子兄，午後四時回城。晚七時訪朱騮先兄，他新
由西北視察歸來。

9月9日　星期二

　　昨夜通宵大雨，至天明未止，為余入川四年餘所未
曾有之大雨。上午七時至國民政府，參加先總理第一次
廣州起義紀念典禮，國府大禮堂早經敵機炸燬，臨時所
蓋之蘆棚禮堂，因大雨漏得不成樣子，各同人立此風雨
飄颻蘆棚下一小時之久，毫無疲倦之像，殊為可佩。八
時出席行政院會議，十一時半散會回鄉。因道路多被
雨衝毀，車行亟感困難，即在新橋午飯，至午後三時
到家。

9月10日　星期三

此日記本將用完，但本年尚有三、四個月未記。今後將不關重要之事，一律免記，並不一定按日記載。

9月11日　星期四

【無記載】

9月12日　星期五

近來美、日談判甚囂塵上，美國駐日本大使格魯一週內與日本外相豐田晤談十二次之多。而日本駐美國大使野村與美總統羅斯福、國務卿赫爾亦接觸甚久，各方觀測，好象美、日和平即要成功。昨日蔣總裁對美記者發表談話，略謂在正義和平未獲切實保障前，我決繼續喋血抗戰，望各友邦勿中暴日外交狡計云。倘美、日談判成功，被犧牲者當然是中國，今蔣總裁如此表示，切合機宜。國際變化無常，機會甚多，我們應本革命抗日之立場，奮鬥到底，得到國家領土主權行政之完整而後已。

9月13日　星期六

記奉派赴甘肅甯夏青海三省考察黨政

我在西藏時，曾擬以邊疆為終身事業，並預定于去年下半年赴西北蒙旗視察。迨由藏回渝，感人事之不臧，放棄此種主張，並于今春辭職，未邀核准。俟國防最高委員會黨政考核委員會（蔣總裁兼委員長）政務考核組組長蔣雨岩兄面商，擬請我擔任川康兩省考察工

作，我表示毫無成見。但經四月之久，未見發表，已成
過去之事，不料今日忽奉派為甘甯青區黨政工作考察團
團長之命令。我深覺凡事之演變，雖多半關乎天命，而
最初之一念，尤關重要，證諸我西北行之經過，真實不
虛。我此次既可考察黨政，復可視察蒙旗，更可藉此致
祭成吉斯汗靈寢，主持青海秋季祭海典禮，與夫佈施寺
院等等。蓋西北之行，是我宿願，茲能由自然與無意之
中造成，是真有不可思議者也。

9 月 14 日　星期日

　　午後五時階昆田、國書進城，借住政治部招待所。

9 月 15 日　星期一

　　上午七時出席中央紀念週。晚間陳果夫兄來訪，余
因甘甯青黨政考察團副團長張強先生與陳關係甚深，特
託陳轉請張多負責任。陳又談國民教育根本計劃，非常
周到，大可採用。約談二小時之久，始散。

9 月 16 日　星期二

　　上午七時晤陳光甫兄，他即于此時飛港。八時出席
院會。

9 月 17 日　星期三

　　上午十時本區考察團副團長張強先生來訪。張溫州
人，在本黨服務多年，精明強幹。十二時在興業公司奚
東曙、胡光麃兩兄處午飯。午後四時出席滇黔、川康、

豫陝、甘甯青四區黨政工作考察團正副團長談話會，決
定本團于本星期日召集團員談話，並預定雙十節前由渝
出發。關于本團文書事務等等，余請考核委員會派員負
責辦理，余負指揮監督之責。惟交通甚關重要，再三請
考核委員會注意辦理。又現值西北嚴寒時期，關于團員
皮衣勢在必需，請求考核委員會給款購辦。六時散會，
余即回鄉，八時到家。

9 月 18 日　星期四

今日九一八十週年紀念。蔣委員長告國民書，略謂
自助、自強、自勉、自重，勿怠、勿弛，誓萬死、排萬
難，恢復東北失地，要有東北國防，方有屏障。（光兒
滿四週歲。）

9 月 19 日　星期五

【無記載】

9 月 20 日　星期六

午後請補一醫生診背筋痛。

9 月 21 日　星期日

午後偕昆田進城，借住嘉陵新村六號陳光甫兄宅，
並順便送馴叔進南開高中。關于入高中之經過，另有記
載。午後四時召集甘甯青考察團團員會議。副團長原係
張強，現改換鄭亦同。團員計有程其寶、任維鈞、湯健
文、徐浩、陳超人等，文書趙喜柱，事務馬雲路。今日

為三百九十九年來未有之日食奇象，在甘肅之臨洮，于上午十一時日全食，此次赴臨洮觀日食者甚多。余在花房子本宅，于午前九時半見日虧，十一時食去十分之九有多，午後一時始復原。當十一時食甚時，曾見晝晦之象。查明朝嘉靖廿一年日全食，名將戚繼光曾建立剿滅日寇之殊功，今次日全食，當為抗日勝利之預示也。

9月22日　星期一

上午八時出席中央紀念週，午後與偕子談話。余覺一生做事不畏難、不苟安，相當做到，何以未達到預期，反而落後者，皆因矛盾與客氣，有以致之。當與偕子約今後余當痛改前非，以不矛盾、不客氣向前邁進，完成殘年報國之心。

9月23日　星期二

上午八時出席行政院會議。據軍政部何部長報告，敵增兵力，進犯湘北。其先頭南渡汨水，敵之一部潰退北岸，現北岸亦發生激戰云。此次敵人以很大兵力犯湘，是否聲東擊西，另有所圖，頗堪注意。抑係進攻湘南，斷我湘、桂、粵三省鐵路交通。蘇聯重鎮烏克蘭首府基輔繼斯模凌斯克之後而失陷，列甯格勒附近亦在血戰中，就一般形勢觀之，確與蘇聯不利。午後六時約郭大鳴、高惜冰、奚東曙晚餐。郭曾任新疆盛主席秘書五年之久，因盛主席與其乃兄郭松齡有深切關係，故與大鳴感情亦甚佳。近數年來，新疆與中央關係疏遠，甚至中央人員出入新疆多不可能，以現在國際形勢，確是調

整一個機會。特請郭等研究調整方式，以謀中央與新疆
兩利主義，或有利于一方而無害于一方為原則。我們係
以國家為前提，決無妨害任何個人之心。

9 月 24 日　星期三

　　訪蔣委員長美國顧問拉鐵謨爾，他昨日到鄉會拜
訪，未能接晤，特于今晨九時回拜。拉能說流利華話，
曾到過蒙古、新疆，對于中國邊事頗有研究，並能說蒙
古語，可以說是中國通。上午十時有警報，余至新橋傅
伏波處躲避，但僅有敵機三架在市外掃射。旋即解除警
報，適郭大鳴、高惜冰亦在傅處躲避，即一同在傅處午
飯後，到余住處再談新疆問題。結果以機會尚未成熟，
應從長研究，其最感困難，就是郭等不能親到新疆接
洽。午後四時召集考察團員談話，推團員程其保（曾任
湖北教育廳長）為本團秘書，指揮文書、事務等事。又
每一團員先發製裝費五百元，工友二百元。晚八時半訪
何參謀長敬之，談甘、甯、青一般軍政。余並暢論前次
入藏之收獲，計五十分時間，盡歡而散。

9 月 25 日　星期四

　　午後接見湘西所里國立第八臨時中學（全是皖省退
出的學生）校長邵健工（即邵華，中央委員），及該校
教職員黃公赫、黃彥平、沈運生、王壯奇、陳謫凡等，
又酒泉中學校長吳亮夫（吳烈士暘谷之子）。他們都是
安徽人，尤多合肥人，他們此次來渝入訓練團受訓。余
不知何故，開罪前行政院長、現副院長孔庸之兄。奚東

曙兄來云，他與傅伏波兄晤及孔氏疏解，孔說我不認識
他，傅說彼此都不認識。余問心無愧，他人對我如何，
我是毫無芥蒂。但奚、傅兩兄之盛意，殊可感佩。

9月26日　星期五

　　午後接見故同學袁俸明君世兄榮生。袁同學因政治
關係，發生誤會，在廈門遇難。榮生係清華大學畢業，
現在農民銀行服務，暫調財政部辦事。晚六時招待第八
中學校長、教職員，及安徽教廳派來受訓之科員朱立
余、中學校長趙養鋒、董質堅及吳亮夫等，一共十餘人
晚餐。訪吳市長，遇陳芷汀君，暢談邊事。

9月27日　星期六

　　午後六時約考察團各團員晚餐，並談話。惟交通問
題尚未解決，行期不能決定。余又說明考察應注意各
點，如少批評，有禮貌，勿使人家討厭。

9月28日　星期日

　　午後有警報，只有敵機三架擾亂，不久解除。我在
住宅附近上海銀行防空洞躲避。

9月29日　星期一

　　上午九時見蔣先生，報告赴甘、甯、青考察黨政及
視察邊疆等事宜。其結論如下：（1）商定余代表蔣委
員長祭成吉斯汗靈寢，蔣指定陳布雷先生作祭文，此舉
很可安定蒙古人心。至青海祭海及甘、甯、青寺廟等

佈施費用，擬請在軍務費項下，先撥貳拾萬元，如不敷用，再請續撥；（3）中印公路，余主張經西藏邊境之察隅入印度；（4）關于趙芷青、蕭紉秋兩兄生活困難，允予接濟。談話一切圓滿，現正積極購置禮品，準備團員、汽車，總期雙十節前可以出發。昆田等所發啟邊政學會，本日午後四時在考試院大禮堂開成立大會，余親往出席，因事未克久留。晚六時又出席該會聚餐會。關于成立該會以及發行邊政公論之意義，另有記載。

9 月 30 日　星期二

上午八時出席行政院會議。據何軍政部長報告，湘北戰事激烈，長沙附近尤為激烈，敵降落傘部隊及便衣隊均被我軍消滅。長沙南面是敵人，北面是我軍，以現情形觀之，相當危險。午十一時訪張文白兄，同至伊山洞住宅午餐，午後二時回家。

10月1日　星期三

上午九時主席本會月會，余報告將赴西北考察，並
勉同人節約。接見楊月笙、吳亮夫，楊將回豫，吳將回
甘。整理往西北行李。葉元龍兄日前來鄉，今日回去。
余告伊，如須要向蔣總裁說話或他方幫忙，可照辦，需
款家用可接濟。

10月2日　星期四

西藏政府前次正式承認保護我測量隊測量中印公路
之西藏境，今忽借口我測量隊攜帶武器及工具太多，拒
絕入境。藏人無信，于此可見。這係英人從中作祟，余
前作入藏報告，對藏應注重于軍事、外交，否則空言不
但無濟，反失威信。

10月3日　星期五
湘北會戰全線大捷

據司令長官部發表此次湘北戰果，迄目前止，敵
師團長被我擊斃二名，敵遺屍三萬餘具，我俘敵官兵
七百九十六名。敵人此次以十三萬精銳兵力及一部降傘
兵（首次使用傘兵），用閃擊戰術冒險投機，猛犯長
沙。經我數日喋血奮鬥，敵傷亡慘重，彈盡糧絕，全線
崩潰，已于二日夜分三路北竄。這一個大勝仗，不但對
敵人的打擊，對國際的影響，尤其是中日戰局勝敗轉變
的樞紐，我統帥部的運籌決策與作戰，將士英勇犧牲，
誠堪感佩。敵人始而宣傳佔領長沙，繼被我軍擊潰，反
說目的已得，自動撤退，其無恥未有甚于此者。

10 月 4 日　星期六

明日是八月中秋節，文叔、馴叔均于午後回家過節。

10 月 5 日　星期日

記馴叔進南開高中之經過

馴叔讀書向來用功，人皆稱許。在南開初中整整三年，品行既優，功課合格。于本年暑暇初中畢業，參加會考，更于暑暇中溫習功課，準備考南開高中。我們均以他是南開老生，及平日的用功，考試必有把握，乃竟名落孫山，殊出一般人意料之外。就教育方面言，其責任當在南開，而家長亦不能辭疏忽之咎也。當暑期之後，一般學校招生期迫，只得積極投考他校。當即考取余家附近治平高中，但是男女同班上課，馴叔有所不願。其他距離較遠地方學校，以他年齡又不便前往，確是為難之。至不得已，與南開幾經交涉與文叔之奔走，得仍在南開高中一試讀。此乃經過之大概情形也，據說考卷為學校遺失一份。

10 月 6 日　星期一

上午四時起身，五時半開車進城，過小龍坎，送馴叔回學校、文叔回銀行。八時出席中央紀念週。午後三時召集考察團團員會議。因汽車問題尚未解決，改期雙十節出發，但恐仍不能如期。晚六時奚東曙、孫立人、汪世銘、譚聲乙諸同鄉約晚餐，為余餞行。

10月7日　星期二

上午八時出席行政院會議。據軍政部長報告，鄭州血戰數日，經已撤退，第六戰區正在進攻宜昌，同時第五戰區進攻平漢路花園、孝感一帶。又據美洲華僑鉅子李國欽君報告，約四十分之久。大意如下：（1）美國援助我國，決不致改變；（2）美國擴充很大軍備，遲早是要參戰的；（3）羅斯福總統已連任三次，再過三年任滿，不能連任第四次，中國與日本問題，最好在羅斯福總統任內解決，是于中國有利的。李以非行政院部會長官，而出席行政院會報告，乃是創舉。因受風寒及飲食過多，稍有感冒。午餐既未進，晚餐僅食白粥稍許。

10月8日　星期三

因感冒，覺有熱度，特請萬友竹醫師診治。

10月9日　星期四

上午訪考核委員會秘書長張厲生兄，談經費問題。午後接見財政部次長兼農民銀行總經理顧翼羣兄，暢談一小時之久，非常歡洽。他是後起之秀而新露頭角者，此次蔣委員長發余西北慰勞經費二十萬元，託伊提先撥發。又接見財部參事梁敬錞，本派定隨余赴甘、甯、青考察，嗣因事不能前往。午後五時接見代理駐辦事處長侖珠，他奉西藏政府命，來說明未能允許測量隊入藏事。余當囑轉告藏方，既允于先，何能反悔，于後中印築路，與西藏百利而無一害，望藏方保護測量隊入境云

云。晚六時行政院全體部會長官，在行政院為同鄉徐振濟委員會委員長靜仁先生補祝七十大壽。

10 月 10 日　星期五

美國軍事代表團昨晚由港飛抵重慶，此為美國援華最確實之表示。國慶大捷，我軍攻堅戰之結果，于今晨三時半克復宜昌城。這種消息傳來，全國聞之歡喜若狂，尤其在雙十節得此大勝，其安慰更有不可思義者。湘北甫經大勝，宜昌繼之克復，益堅吾人抗戰最後勝利之信念。上午八時至國民政府參加國慶典禮，林主席講紀念義意。九時召集考察團團員會議，汽車問題大致雖已解決，但機件仍須修理。決定由副團長鄭亦同兄偕全體團員于十二日出發，經天水赴蘭州，無論如何不在改期，余與昆田稍緩乘飛機前往。午後回鄉，過歌樂山，訪副團長鄭亦同兄。傷風尚未愈，今日身體頗不適，特請中醫侯君診治。惟仁夫人今日生日，適逢戰事勝利，更加歡喜。

10 月 11 日　星期六

蘇聯中路戰事激烈，德軍繼續進展莫斯科，情勢緊張。謠傳蘇聯將接受停戰條件之說，日本有北進之趨勢。

10 月 12 日　星期日

【無記載】

10月13日　星期一

上午八時出席本會政治訓練班紀念週，並訓話。大意：（1）諸生且畢業期近，從速用功，學成專門邊疆人員；（2）邊疆一定要建設的，諸生機會甚多，若無學問就不可擔任邊疆大任；（3）在邊政公論上作文章；（4）余將赴西北行。

10月14日　星期二

考察團全體團員已于十二日出發。昨晚昆田來電話，廿五日大約有飛機開蘭州，余等擬于是日起行，計算各團員亦可于此時抵蘭州。

10月15日　星期三

我軍于雙十節克復宜昌後，敵用大批飛機投毒彈，軍民傷亡慘重，當局以作戰目的已達，憫恤無辜，下令我軍退出宜昌城。上午九時召集本會各小組組長會議，勉各同人應找事做，勿等事做，辦事要認清緩急輕重，以迅速勿失時機為原則。又告各同人為國家及本會著想，今後對于邊疆，應採積極推動主義。余西北回來，即當實行。

10月16日　星期四

【無記載】

10月17日　星期五

上午到三聖公政治部看張文白兄病。

10 月 18 日　星期六
記德軍逼近莫斯科敵內閣塌台

　　德軍分三路進逼莫斯科，其近者僅五、六十公里，蘇政府請各國使館準備撤退，莫斯科擴播將在亞俄作戰。莫斯科局勢之嚴重，已至最後階段，我們望蘇軍最後努力，挽回劣勢。敵第三近衛內閣忽于此時提出總辭職，以前陸相東條中將組新閣，這是敵陸軍主政北進企圖更為顯明。查東條是少壯派要人、關東軍核心，向來主張北進攻蘇，所有新閣員多半與關東軍有關係者。倘德、日將歐亞大陸打成一片，然後德攻近東出中東，日本擾亂遠東，印度乘機獨立，則大英帝國有崩潰之虞，美國將何以應付兩洋？為今之計，只有中、英、美、蘇連合，立即擊敗日本，乃是上策。

10 月 19 日至 20 日　星期日至一
　　【無記載】

10 月 21 日　星期二

　　華府人士謂日首相東條所稱，鐵的意志與迅速之行動為基礎之日本新內閣，將加強反美臨戰之計劃。咸認美、日繼續談判，為日本攻蘇前之策略，應即停止談判。副國務卿威爾基大聲疾呼放棄和平幻想云云。美國果真澈底明瞭日本策略，積極有所行動，則前途大可樂觀。上午八時至三聖公看張文白兄病，現熱度已退。據云廿三日有至蘭州飛機坐位，擬明日進城等候。

10 月 22 日　星期三

　　午間偕申叔等進城，本會同人集中永興場送行。四時出席邊政學會首次理事會，周昆田、陳之邁、李維果、王化臣、楚明善等廿餘人為理、監事，會成後約各理、監事晚餐。今夜下榻政治部招待所。至深夜，申叔忽嘔吐，想為受涼所致也。

10 月 23 日　星期四

　　此次考察甘、寧、青黨政，歷期二月，余本日飛蘭州。因日記原稿初錄另冊，茲經整理，後續登本冊中，惟終日事忙，不遑寧暇，爰由兆麟代抄焉。晨七時至飛機場，胡光麃、孫立人、徐國懋、奚東曙及本會同事四十餘人涖場送行。以霧大，迄十一時五十分偕周昆田登機，旋起飛。倏忽之間，已失重慶所在，青山白雲，盡在足底。沿途未停，午後三時四十分抵蘭州。到機場歡迎者有省府秘書長王漱芳、民政廳長鄭震宇、財政廳長陳國梁、教育廳長鄭通和、建設廳長張心一、甘寧青監察使高一涵等數十人。下榻勵志社，遂即接見省黨政當局及中央機關在蘭人員。適于院長右任前一月到西北視察，昨由河西回蘭，特來訪。余于晚六時應省府公宴，後回看于院長，于監察使署暢談邊政，歷二小時之久。夜氣候較寒，蘭諺云：「早穿皮袍午穿紗，夜抱火爐吃西瓜」，可想見其變化之劇。本日英外相艾登重申不與軸心談判之決心。甘省府主席谷紀常、第八戰區司令長官朱一民，均因公赴陝未回。

10 月 24 日　星期五

　　整日會客，未出門，計會省議會議長張維（鴻汀）、市長蔡孟堅、三民主義青年團支團主任胡維藩、代理外交部特派員呂同命，及達札薩克銳蓀等黨政人員。四十餘老友李正秋兄任第八戰區長官公署高級參謀，亦來晤，闊別乍逢，尤為快慰。據張議長見告，人民負擔太重，無以為生，良應注意。晚六時應國立西北技藝專科學校曾校長濟寬之宴，在座者多半教育界人士。谷主席紀常晚回蘭，隨即來訪，談約兩小時。關于致祭成吉思汗陵寢事，亦經派周昆田與省府王秘書長作初步商洽。

10 月 25 日　星期六

　　答拜谷主席及黨政軍各當局，並訪省參議會張議長及甘省士紳等。午後一時考察團抵達蘭垣，團員有程君其保、湯君健文、任君維均、徐君浩及陳君超人等五人，事務員為馬君雲路、趙君善柱二人，蒙藏委員會有金君鑑一人隨行，統由鄭副團長亦同率領。本月十二晨離渝，取道成都、梓潼、廣元、漢中、雙石鋪、天水抵此，途中曾留天水二日，從事首次考察工作。團員等抵蘭後，即以勵志社為本團辦公地。余晚應谷主席宴，八時開本團談話會，討論進行考察事宜，擬定二十八日開始考察。今日天氣甚寒，僅華氏表四十五度，洵非皮不暖時也。

10月26日　星期日

第八戰區司令長官部參謀長章亮深（集虛）等來訪，告以西北軍政各方面情形。又甘肅紳士兼省委田崑山兄來談，據謂甘肅食糧問題嚴重，急待解決，人民無法負擔，人心惶惶，章參謀長亦以此為慮。渠等雅欲余向中樞當局進言，余既責在考察黨政，自應加以注意，解除民困，義不容辭也。旋回拜回教馬教主震武，馬教主在固原一帶甚有聲望。晚間第八戰區司令長官部參議金在治（字器之，浙江人）來訪。金曾因哈薩東來問題赴新疆商洽，對於西北主張與余大致雷同。蘭地氣候驟寒，余日來勞動過甚，又因飲食失節，胃疾微作，頗感不適，幸服薑湯、肉桂即愈。

10月27日　星期一

上午七時本團參加省政府紀念週。午後余偕全體團員出席省政府歡迎會，禮節極為隆重，遂與谷主席彼此介紹各團員與省府各廳處長相識。谷主席致歡迎辭，並報告施政情形。余答辭，藉以闡述總裁行政三聯制之要旨，行政三聯制實為抗戰建國之唯一武器。繼說明考察黨政之意義，並宣布考察日程，擬定十月二十八日至三十日考察省府各廳處、省黨部及三民主義青年團。至于其他中央在蘭州各機關，須待省府等各機關考察終了，再訂考察日程。晚應省參議會張議長鴻汀及全體駐會委員公宴。

10 月 28 日　星期二

　　本團在蘭考察工作共分三組：黨務組，由鄭副團長亦同、徐團員浩擔任；民財組，由任團員維均、湯團員健文擔任；教建組由程團員其保、陳團員超人擔任。上午余偕同鄭副團長、徐團員考察西北公路特別黨部及三民主義青年團，分別訓話，藉以說明考察意義。

10 月 29 日　星期三

　　午十二時蔡市長孟堅約午飯，飯後市長及所屬各局長報告施政情形。該市政府成立僅三閱月，工作努力，業務猛進，市長、局長均屬年青有為，余特加勉勗。晚六時應第八戰區司令長官部公宴。八時召開本團談話會，討論中央各院部會所屬各機關考察事宜。

10 月 30 日　星期四

　　本擬蘭州考察完畢即往青海，現恐天寒雪飛路難行，決先赴寧夏。上午接見第八戰區司令長官部總參謀張春浦（字賦濤，河北人），談及往來寧夏路程。張主張，程五日為佳，遂擬定十一月六日由蘭起程。並經決定十一月一日至五日，考察中央各院部會在蘭二十餘直屬機關。其工作分配如下：（一）監察院所屬監察使署、考試院所屬銓敘處，及司法院所屬高等法院，由余與周秘書昆田擔任；（二）財政機關由任、湯兩團員擔任；（三）經濟機關由鄭副團長、徐團員擔任；（四）交通、教育、衛生、農林由程、陳兩團員擔任。午應陳紀銓、楊道樾、李永吉、張國棟、董承蔭等公宴，渠等

咸在蘭辦理中央稅收事宜。晚應西北幹部訓練團顧教育
長希平宴。顧曾迭次邀余至彼團訓話，均經婉辭，今晚
余蒞彼時，衛兵、軍樂列隊歡迎，厚禮甚感。

10月31日　星期五

　　于院長右任昨由青海回蘭，余清晨往訪，並共進早
餐。比得青海方面報告，該省王公、千、百戶聞余將
至，集中省垣四、五百人，準備歡迎。余因天氣與交通
關係，不得不先往寧夏，茲為節省時間，以備早日赴
青，擬改乘飛機飛寧夏。午後特約歐亞航空公司蘭州站
主任毛德（字文農）接洽，據云十一月七日可以專機飛
寧夏，由余加電交通部張部長，飭該公司照辦是耳。查
毛主任文農係故友陳德三先生之二女婿，民國二年二次
革命，陳在南京與同鄉章某發生誤會，死于非命。第
事起倉卒，余往援不及，至今遺憾。晚應鄭教廳長便
餐，菜肴均屬家鄉風味，倍感適口。本日午夜我軍收復
鄭州。

11 月 1 日　星期六

上午考察考試院甘寧青銓敘處，處長為水梓先生。該處成立未久，經費太少，組織簡單，須予擴充。蒞蘭及旬，深覺中央各院部會在蘭直屬機關不下二十餘單位，只以統一乏人，工作未免散漫。又聞一般人士論，現階段甘肅省政為劃時代的政治，以往係靜的、片斷的，現在乃動的、計劃的，惟省府新舊人員間之隔閡于焉難免，幸朱長官與谷主席私人感情甚佳，當無多大問題發生也。

11 月 2 日　星期日

上午考察監察院甘寧青監察使署，該署規模簡單，經費不多。高監察使一涵曾任北京大學教授，于中國學術界頗有地位。從政西北以來，曾親蒞青海、河西，並遍遊甘南各縣，對西北邊情及民間疾苦甚為明瞭，與西北各省軍政長官，相處亦稱和洽。致祭成吉思汗陵寢亦余來西北主要任務之一，其籌備工作經甘省府代為辦理，頗著勞績。茲籌備工作業已完竣，定明日前往致祭。

11 月 3 日　星期一

今日余代表蔣總裁致祭成吉思汗于榆中縣興隆山。按成吉思汗陵原在綏遠伊克昭盟伊金霍洛，抗日軍興，敵倭時欲劫持此陵以號召蒙民，中樞為鄭重計，爰于二十八年移陵甘肅榆中縣興隆山。年由甘省府按時致祭，中央迄未派大員主持祭祀事宜，余此次考察甘、

寧、青黨政，蔣總裁特派為代表主祭。晨七時率全體團
員發榆中縣興隆山，午前十一時舉行祭典，省府谷主席
正倫、高監察使一涵、中委朱霽青、鄭亦同、省參議會
張議長維、第八戰區司令長官部張總參議春浦、甘寧青
銓敘處水處長梓及達札薩克銳生等八人陪祭，其他所有
蘭州地方及中央各機關領袖百餘人一律與祭，儀式十分
隆重嚴肅，為成陵移甘後首次盛典。禮成，余巡視陵
寢，並勉慰守陵人員。蓋成吉思汗英名名滿世界，今余
得以代表總裁致祭，誠莫大之幸，亦此次西北行中最有
意義之一件大事。余祭聯曰：氣憾山河，天資神武，威
馳歐亞，世蕭英風。蔣總裁祭文原詞如左：

蔣委員長祭成吉思汗文

　　維中華民國三十年十一月三日，國防最高委員會委
員長蔣中正，特派蒙藏委員會委員長吳忠信，以馬、
羊、帛、酒、香、花之儀，敬致祭於我元太祖成吉思汗
之靈。而昭告以文曰：

　　緊我中華，五族為家。自昔漢唐盛世，文德所被，
蓋已統乎西域，而極於流沙。洎夫大汗崛起，武功熠
熠，馬嘶弓振，風潑雲孴，縱橫帶甲，馳驟歐亞，奄有
萬邦，混一書車，其天縱神武之所肇造，雖歷稽往古九
有之英傑，而莫之能加比者。蝦夷小醜，陆毒包藏，興
戎問鼎，豕突猖狂，致我先哲之靈寢乍寧處而不遑。中
正忝領全民，撻伐斯張，一心一德，慷慨騰驤，前仆後
興，誓殄強梁，請聽億萬鐵馬金戈之凱奏，終將相復於
伊金霍洛之故鄉。緬威靈之赫赫兮天蒼蒼，撫大漠之蕩
蕩兮風泱泱，修精誠以感通兮興隆在望，薦馬胙而陳醴

漿兮神其來嘗。尚饗。

11 月 4 日　星期二

今日余赴高等、地方兩法院及第一監獄考察。昨日午後五時半，曾以電話預知高院，竟無人接話，六時再用書面通知，亦無人收受，其懈怠情形，可以概見。巡視地院看守所，見一青年犯人臥地呻吟，厥狀甚慘，詢以故，對曰：「無被臥地，患傷寒七日矣。」余聞之不禁惻然心酸，遂嚴責負責人，何以違反人道，不負責任，一至于斯，當即令該犯取保求醫。第一監獄缺點亦甚多：（1）監房太少、監犯太多，致原定每房五人，現居七、八人，全獄原足容二百人，現已逾五百人；（2）衛生設備欠善，尤以病犯既無醫藥，又無病室，流弊所及，堪以重視；（3）監犯五百多屬年青，深圄終日，無所教誨，甚為可惜；（4）防空設備缺如，倘遇空襲，危險堪虞。又悉女監有謀殺親夫犯數人，查東南各省夫婦，不和訴諸離異，西北閉塞之地，風氣未開，沿用慘暴手段，殊可哀也。今日家侄孫振榮來見，彼乃和清之子，在此間任包工事宜。

11 月 5 日　星期三

上午十一時接見蘭垣各中學校校長，曉以未遑親蒞各校考察之意。午應監察使署、銓敘處，及高等、地方兩法院公宴。午後二時鄭民政廳長震宇來見，報告一年來辦理民政情形，政績甚佳。三時訪谷主席，告以擬七日飛寧夏，並相與縱談西北一般情況及甘肅政治現狀

甚詳。六時會見西北公路局正、副局長宋希尚、沈圻兩
君。該局邇來各方人士對之頗多物議，余以為該局一般
事務缺點固多，然三年以還，對于國際運輸大責尚無遺
誤，宋君以一介書生，負西北數千里交通重任，洵非易
易。本日敵派來栖三郎赴美協助野村進行美、日談話，
此殆倭日對美之一種策略，非誠意也。

11月6日　星期四

　　省城考察大致完畢，本擬明日飛寧夏，今日飛機誤
班，勢將延期，何日成行，未能逆料。晚間省府王秘書
長來訪，傾談間，余力辭省府一切招待，緣中樞來人不
絕于途，地方官吏應接不暇，矧主之于賓，例會歡迎，
賓之于主，照例公開演講或對記者發表談話，而演講與
談話內容又不外滿口空話，千篇一律，實屬無聊已極。
余有意轉移風氣，到甘以還，潛心從事考察工作，謝絕
一切歡迎會與記者之訪問，庶幾于公于私俱得便利也。
今日俄方以李維諾夫繼任駐美大使，美國務院宣布對蘇
貸款十萬萬元，是美、蘇關係又進一層矣。

11月7日　星期五

　　上午偕鄭副團長亦同參觀蘭州機器廠，該廠現用機
器，咸張廣建、孔繁錦、馮煥章三皖籍同鄉先後服官甘
省時設置，盡屬陳舊不堪。夫昔日尚無公路，交通困
難，輾轉運來如此笨重機器，以利實業，其毅力與抱負
可以欽佩。據該廠廠長云，若今後交通不發生問題，新
購機器兩年後方可運齊，顧仍不足應整個西北之需要，

尤以煉鋼無由，引為大憾。今日飛機仍未到蘭，航空站
謂無線電受損，故未能到云。

11 月 8 日　星期六

飛機已到蘭，準明晨飛寧夏。此次飛寧夏專機調
動，殊匪易易，數度接洽，結果索價四萬數千元，航空
公司方面並請在蘭付款。當時本團存款不多，然余卒允
所請，在蘭付款，俾免稽延時日，有誤行程，蓋把握時
機才是上策。晚六時，召集團員談話，討論寧夏考察
日程。八時谷主席來談，十一時盡歡而散。本日美總統
宣布準備撤退在華駐軍，一般認係美國採取行動之先聲
云云。

11 月 9 日　星期日

晨五時起身，六時半到飛機場。七時機起飛，天氣
惡劣，機身顛盪，機中人頗感不適。八時四十分抵達寧
夏，馬主席少雲親率該省黨、政、軍全體高級人員蒞機
場迎候，機場以外並有軍隊、學生及民眾團體等列隊
歡迎，情況熱烈，嘆為空前，余殊深感之。只以機場去
城甚遠，往返不易，如此大隊來迎，心殊覺不安也。旋
赴城下榻郊外省政府招待所，遂即接見省府各廳長，並
發表寧夏考察日程。計十、十一、十二，三日考察省府
民、財、教、建四廳及其他機關，十三日後由鄭副團長
率領一部分團員，赴南路各縣考察，余則往阿拉善旗旗
府所在地定遠營。預定本月十五日，寧夏省考察工作完
畢，十六日飛返蘭州。入晚，馬主席來報告寧夏施政經

過中，以測量土地、興辦水利與倡導造林最有成效。查
寧夏省在歷史上與抗日上均居重要地位，此處氣溫與蘭
垣相似，境內水利進步，可耕地多，惟人口過稀，可容
大量移民焉。

11 月 10 日　星期一

　　上午九時，馬主席率同省黨部暨省府各廳處長分別
報告黨務、民、財、教、建、保安、地政、衛生等工
作，歷二小時之久。余深覺各部門工作均有進境，且馬
主席頗富實幹精神，言出必行，命令貫澈到底，部下無
有不從者，余甚為欣慰，遂即加以勉勵。下午二時各團
員分往省府考察。

11 月 11 日　星期二

　　晨馬主席來談。午後四時至省府出席黨、政、軍各
界歡迎會。按寧省對外來賓客，向以閱兵、宴會及歡迎
會三事為敬，方余抵此，馬主席即以斯三事相請。余因
此行責在考察黨政，未負軍事責任，對於閱兵，實非
所願。而歡迎會，又無非有勞大眾，均經婉辭。第馬主
席再三進勸，盛情難卻，本團同仁等于是均主張承領宴
會，並參加小規模之歡迎會，余然之。今日歡迎會中，
到黨、政、軍、學各級人員二千餘，情況異常熱烈。余
即席演說，演詞大意，首對歡迎表示謝意，次述考察黨
政意義，最後對馬主席領導全省，從事黨政之工作成績
卓著，甚為贊許。並勉勗各方，今後尤須努力，俾增抗
戰力量。散會後，即赴黨、政、軍領袖卅餘人公宴。

晚，馬主席特演秦劇助興。

11 月 12 日　星期三

清晨馬主席偕兄馬軍長鴻賓（字子寅）來見。馬軍長方由防地歸來，與余同年，老成練達，西北各省中不可多得之將才也。共進餐後，參觀省垣附近造紙廠、麵粉廠、棉織工廠、省立印刷所、毛織廠、富有被服廠及寧夏銀行等機關。其中造紙、製革及毛織等工廠，多用手工製造出品，足供本省需用。此種自力更生精神，殊可嘉佩，倘全國各地皆然，抗日前途實利賴之。

11 月 13 日　星期四

上午七時二十分偕程團員其保、周秘書昆田出發阿拉善旗旗府所在地定遠營。十時經賀蘭山，遍眼白雪皚皚，陽光和煦，別具風趣，然沿途沙石壘壘，種植艱難，彷彿西藏。午後二時抵定遠營，旗政府、駐軍、學校及其他團體全體出動歡迎，情況熱烈，喇嘛二百餘郊迎，禮節尤為隆重。隨即分別接見各團體領袖及學生等，極稱融洽。按定遠營北通外蒙，西通新疆，東至綏遠，並有大道直達甘省，在國防地位上頗為重要，現由寧夏派兵一團駐防，中央計劃開設騎兵學校於此。余以時間匆促，不能久留，擬定明日即回寧夏。

11 月 14 日　星期五

黎明五時半起身，六時半拜廟，並佈施，七時半謁達王祖塋。緣阿拉善旗札薩克達理札雅之祖塋悉在定遠

營郊外，余為尊重蒙古先賢起見，特親往謁拜。八時半
返營早餐，九時半啟程。返寧夏程中道路失修，車行
甚顛波。午後四時抵省垣。鄭副團長偕徐、湯諸團員，
昨日考察永寧、靈武兩縣及吳忠堡，今日考察金積、寧
朔兩縣及青銅峽，現已事畢，亦返抵省城矣。晚間馬軍
長鴻賓來訪，告以身在前方作戰多年，士兵生活窘苦，
馬乾又感短絀，央余轉陳中樞，為馬乾事予以補救。余
認為軍隊騁馳戰場，政府當予顧惜，于是特為致函何總
長，請即設法辦理。馬軍長深表感意。茲將余致何總長
函，原文抄錄如後：

敬之吾兄總長勛鑒：

　　弟奉派來西北考察黨政，於上週到達寧夏，經與馬
主席少雲、馬軍長子寅迭次晤談。馬軍長常駐前方，辛
勤尤著，茲以百物昂貴，調防前方一團馬隊之馬乾問題
無法解決，至感困難。用特代為函達，請賜轉陳迅予規
定，俾利抗戰為禱。

11 月 15 日　星期六

　　余因在定遠營時食多，益以爐火燥熱，致患感冒，
體頗不適。本擬今日飛返蘭州，奈飛機又誤期，靜候不
見來。馬主席見余候機無事，復邀赴閱兵，意頗懇摯。
余力辭不果，乃于午後三時率全體團員赴東教場閱兵，
計到步、騎、砲諸官兵九千餘人。迨閱兵禮成，即行分
列式拳術、體操、劈刀、騎射等動作技術，均極優良，
惟已超過軍隊之所需矣。操演既畢，余訓話大意分四
點：（一）軍隊之良莠，應以士兵身體強弱為斷，頃閱

貴軍各部隊官兵之體魄與精神，均列上乘，而訓練又屬
精良，頗為慶慰；（二）寧夏為西北門戶，更為軍事重
要據點，夫安內攘外，責固繁艱，寧夏軍隊就安內攘外
之雙重責任言，尤較他處軍隊為重也；（三）敵人軍事
失敗由于估計錯誤，最近我軍湘北大捷、鄭州克復，諸
役可為實證；（四）寄語諸君，在馬主席領導下繼續努
力，異日效命沙場，以奪最後勝利云。

11 月 16 日　星期日

　　吳忠堡西濱黃河，為寧夏第一商埠，亦西北各省貿
易衝要地之一，夙有小上海之稱。抗戰以還，中樞與省
府會同設定稅卡于此，然走私猖獗。蔣委員長聞訊，曾
電飭寧省當局嚴緝走私。馬主席接電後，即下令全省
局卡，澈底禁絕來往貿易。該令施行後，西北商務均受
影響，而中央經濟、財政兩部在寧辦理稅收人員，其工
作均感棘手，中央與省府兩方為此事形成僵局。余來寧
後，深知其隱，馬主席亦曾以此事見告，並深覺問題之
無法解決。余即向馬主席闡明蔣委員長令飭嚴禁走私之
原旨，蓋蔣委員長僅命令對走私予以查緝，馬主席之禁
絕輸入，實為有違委員長本意。茲余來此考察黨政，應
負解決此案責任。余乃致電陳主任布雷轉陳委座，請示
原電如左：
委員長侍從室第二處陳主任布電兄勛鑒：關于寧夏吳忠
堡走私問題，委座恐有奸黨混入，曾電令嚴禁。寧省府
以財、經兩部對進出口物品禁運、准運者訂有專條，如
澈底禁絕所有物品輸入，不免影響人民生活，若不澈底

禁絕，又恐查緝難周，有違委座之諭旨。于萬不得已中，乃令飭全省局卡澈底禁絕來往之營貿。馬主席少雲兄曾以戍文府財電達，計邀察及。弟來寧考察，已逾一週，對此問題，經與少雲兄迭加商討，擬：（一）關于正當商人之營貿，可准照進出口物品禁運、准運項目暨辦法辦理；（二）關於緝私及查究奸宄，應由寧夏省政府及財、經兩部所設稅務與稽查機關切實負責，俾能流暢物資，而杜奸徒之混跡。惟是否可行，敬請轉陳逕示為幸。弟訂明日飛蘭州，併及。弟吳忠信。銑寧印。

　　寧夏黃河兩岸、賀蘭山附近暨定遠營一帶，土地較為肥沃，可資種植與發展小規模牧畜事業。其他寧省地方多漠野一片，無水無草，不能利用。大概以現在全省即時可耕之土地言，足容二百萬居民，然今人口僅六、七十萬，致黃河兩岸沃野廢棄，甚為可惜，是移民寧夏實為當急之務。今日飛機又誤班，不能飛蘭。

11月17日　星期一
　　晨五時起身，七時半至飛機場，馬主席偕黨、政、軍全體領袖到場歡送。八時半機凌空，十時飛抵蘭城，仍下榻勵志社。擬定二十日首途赴青。余即往訪谷主席，晚間谷主席來會，渠因辦事困難，有倦勤意，余特加勸勉。今日第二屆國民參政會第二次大會開幕。

11月18日　星期二
　　余于個人行動，力求簡便，概經歷一地之歡迎、歡送，除非別具意義，向不予以重視，以其徒耗時間，無

褌實際也。前方抵蘭時，即向谷主席表明斯旨。今將赴
青，復特電知青海馬主席，于余到青之日，請不率眾來
接。耿耿此心，苟能稍移積俗，亦所願也。今日上午見
客，晚六時甘省府歡宴本團全體同仁。

11 月 19 日　星期三

上午十時本團舉行座談會。查本團考察工作業已終
了二分之一，對于以往工作，應即予檢討有無遺漏、錯
誤，以為將來工作借鏡。午應皖江同鄉會理監事公宴。
該同鄉會歷史悠久，會產甚多，先輩同鄉在蘭經營努
力，精誠團結，于斯可見。

11 月 20 日　星期四

晨五時起身，八時首程赴西寧。午後一時車抵青省
中和縣之享堂鎮，附近風景優美，該地駐軍旅長率眾來
迎，午餐于此。午後五時至樂都縣，又見全縣學生列隊
歡迎。渠等已佇候良久，日暮天寒，年稚小學生尤感困
乏，余心殊不忍。故再囑托該縣縣長，速即代為電告馬
主席，于余到達省垣時，千萬勿以學生與軍隊出迎也。
余等是夜宿樂都縣縣政府。甘青公路一帶，車道尚未竣
工，車行頗感搖動。黃河與湟水兩岸，可資農耕。今日
美國國務卿赫爾與來栖、野村舉行非正式談話，據聞有
三個重要問題仍難獲得協定，即：（一）日軍退出中
國；（二）日軍退出越南；（三）日本放棄所謂東亞新
秩序。尤其第一點意見相距最遠，實則日無誠意，美國
若不深自警惕，終將受欺。

11月21日　星期五

　　上午七時分派團員考察樂都縣縣政府及縣黨部。九時半早餐。十時半啟程續行，直指西寧。車過鳥移峽，路途艱險。午後二時達省城，馬主席步芳率同趙專使守鈺暨全省黨、政、軍高級人員，郊迎樂家灣，他如學生、軍隊與民眾團體等果未出迎，余竊喜之。行抵省府，青海王公、活佛、千、百戶，及士紳二百餘人站隊迎候，禮節隆重。塔爾寺活佛亦親來歡接，尤屬罕聞。查塔爾寺活佛不常來西寧，以往對于中央大員蒞臨西寧，更無趕來迎接之例。惟今日余到此地，該活佛竟予蒞迎，洵屬創舉。豈以余主管蒙藏，故歟？王公、活佛與余在省府會見時，仍行獻哈達之古禮，並奏以蒙藏音樂，空氣亦莊亦穆，而渠等尊崇中央之熱忱，可概見矣。余等下榻省政府，馬主席招待殷殷。

11月22日　星期六

　　上午八時偕趙專使守鈺至馬前主席公祠致祭，並獻花圈。馬前主席閣丞，係今馬主席步芳之先父，曩日主政青省歷有年所，聲譽卓著，頗得民心。既歿，省民爰在青海省城建立專祠，俾資祭祀，以示毋忘之意也。九時應馬主席暨諸黨、政、軍領袖公宴。十時召集本團全體團員與省府各廳長、保安處長、省黨部書記長、高等法院院長等舉行座談會，聽取省方各當局之報告，並宣布本團考察日程之分配。計自本日起至三十日止，全省黨政考察工作可望完竣，擬定十二月一日離西寧。午後二時座談會散。三時接見重要王公、活佛、千、百戶

及班佛行轅人員。晚六時應該王公、活佛、千、百戶公宴，余分別贈以茶葉、綢緞等禮品。

11 月 23 日　星期日

午後接見中央在西寧所屬十七機關負責人員，勉以恪守青省禁令，勿染嫖、賭惡習，並應分外振作，以易風氣。況邊地生活安定，待遇優厚，尤當安分守己，勿作越軌行為，否則余當報告中央，毋謂言之不預也。旋會見西康甘孜女土司德欽汪母。查德欽汪母乃西康甘孜有名之女土司，曩者駐甘孜之班禪衛隊與西康劉主席所部發生衝突，皆以該女土司為導火線。在此衝突中，地方頗受糜爛，劉部章團長陣亡，全團被繳械。嗣後劉主席增兵，反攻班禪衛隊，卒告不支，潰退青海。而該女土司亦即逃亡青海，下嫁班禪衛隊某軍官。今日晤余，央余授手，以期重返故土。余念該女土司流離顛沛，殊悃憐憫，爰允所請。一面向西康劉主席進言，令其回歸甘孜，一面托青海馬主席在渠留居青海時，就近予以照料，斯亦余優待邊人之道也。

余此次考察甘、寧、青黨政，深覺關鍵端在甘肅之河西，尤以甘肅人士對河西之非議，及國人對河西之批評，為其重心。余事先不甚明瞭河西實情，好奇之心，不禁油然而生。現在河西所駐軍隊，係青海馬主席所部第一百師，駐張掖，暨乃兄馬步青之騎五軍兩師，分駐武威、酒泉一帶。溯自民二十二年，馬主席任師長時代，曾來南京一次，迄今八易寒暑，未離青海一步。雖然疊經中央各大員赴青邀請，卒未成事，于是國內人士

對于河西現狀與青海當局雅有誤會，而中央與地方隔閡日深，一般認為已至無法調整之境地。余本人與馬氏昆仲素不相稔，比來西寧，相見之下，深覺馬主席豪爽、果敢、深明大義，青海政治現狀，亦足稱述。余于是有意與馬主席開誠相談，苟能使河西與青海局面臻于協調，于願足矣。方余與馬主席首次會談，余即示以赤誠，故彼此雖屬初見，情極融洽。茲錄首次會談內容如後：

余謂：余初蒞西北，又初與君見。余主管蒙藏政治，此行負責考察黨政，來固匪易，寓意尤深。余當就耳目所及，不論于私于公，必定知無不言，言無不盡。抑且余今所言，縱歷後十年、數十年亦不稍移易，君其信之。余治理邊政，對邊疆各軍政領袖所取態度，惟一本中央立場（服膺主義、擁護領袖），盡量為邊地各省區謀有利無害之事宜。倘能使中央與地方兩得其利，固屬最佳，求其次，亦必無害地方。余當為君明言，余無大智大能，余所有者，信用而已，言從余出，必能付諸實行，如同銀行支票之必能兌現，無稍躊躇。君不妨從各方面打聽，當可確認余信用之可靠也。余又須向君說明，余係有地位者、有歷史者，決無從青海方面得好處之潛意。君若順納我言，君必實蒙其利。

馬主席對曰：吳先生，汝信用與汝歷史，我素所仰慕。今汝不遠千里而來，務請多多指教，我當敬受忠告。

余乃勉慰曰：君昆仲合力安定地方，尤于河西剿共之役，頗著勞績。他如在河西植樹、修路、保護交通，

維持中、蘇國際運輸之通道，以及擁護抗戰，發兵殺敵等等，功不可滅。此乃中樞通曉，亦余所深知者也。

11 月 24 日　星期一

上午八時接見回教阿訇及回教大學生三十餘人。九時馬主席伴余參拜清真寺，該寺阿訇暨回教大學生二百餘，站班迎接。午後分別延見省參議會議長、議員，及省會與各縣士紳百餘人。晚六時應班禪行轅公宴。今日與馬主席談本黨主義，余告曰三民主義既非共產主義，又非資本主義，實為適合中國國情與需要，以及順迎世界潮流之主義。其理論浩繁深遠，今日時促，不及縷述，望君公餘多多研讀是幸。顧余不能已于言者，本黨歷史與光榮，亙今五十餘年，決非短時間所能失敗。舉例之，譬如高山一座，上行五十里，下行殆亦須五十或數十里，斷非三里、五里或十數里可下，此一定之理也。況復本黨主義，今猶蒸蒸日上，與時俱進，全無頹態乎。退而言之，本黨主義，即使從今開始敗退，則恐亦需五十或數十年後乃可窮盡，是亦不移之論也。馬主席欣然曰，吳先生，汝談黨議，使我即明，眾人絮絮道之，我輒不知所云。

11 月 25 日　星期二

上午召集班禪行轅人員談話，討論解決行轅善後未了事宜，及班禪轉世諸問題，並擬成立班佛誦經堂，藉以安置行轅裁撤人員。午後三時出席西寧各界歡迎大會，余致演詞，說明考察意義與考察青省黨政印象，並

附以未來希望。今日美國以聲明一份通知日本，苟不能
實行下列三事，則彼此間之問題即無解決可能。一、脫
離軸心關係；二、由中國撤兵；三、停止支持南京傀儡
政權。

今日余與馬主席步芳會談時涉及馬晉謁蔣委員長意見

余詢馬主席曰：君為何不離青海一步？君為何不去
謁見蔣委員長？實則君若晉謁，于君百利而無一害。

馬主席答曰：我仇人太多，不敢遠離，雖欲晉謁，
不我許焉。

余慷慨對曰：君放心，君果欲見蔣委員長，余當
為君排萬難，並為君負全責。況復蔣委員長亦當為君負
責也。

馬釋然曰：誠若是，我當赴渝晉謁。第路程遙遠，
汽車費時，飛機可矣。而我又畏機中頭暈，須分在蘭、
蓉停留稍息。

余乃曰：無問題，可照辦，並當請蔣委員長電飭
甘、川兩省當局切實保護。余處事向重「把握」二字，
余設與君論事，雖有十成把握，余不過道其六成。若一
輩政客常以五成把握，或竟絕無把握，而謂有十成把
握，余不為也。將來君到渝後，當知余言之不謬。

馬主席聞語欣然。

11 月 26 日　星期三

上午、下午兩度與馬主席談話。馬主席昨既決定赴
渝晉謁蔣委員長，則余于此行之一般政治目的，可謂業
已到達。然而僅及政治目的，而缺乏有關軍事及他種具

體事實之表現，則內容未免空洞而不著實際。職是之
故，余擬與馬主席進一步討論實際問題。余乃以河西撤
兵為題，謂馬主席曰，青海幅員廣大，土地肥沃，水草
茂盛，斯天賜君昆仲以豐富之蘊藏，在西北各省區中，
不可多覯。且青海在軍事形勢上，亦佔重要地位。第余
敢直言，君昆仲倆即以全力經營青海，猶恐不遑，寧有
餘力與時間兼營河西耶。河西扼西北軍事、政治與經濟
之衝要，所屬玉門油礦，尤為國防唯一命脈，中央勢必
以加強管理河西為上策。君等精力既難擔負處理河西之
大任，影響所及，青海政治反為河西牽制而難展，余深
為惜焉。惟望君等力量退離河西，庶幾中央與地方同受
實利，亦即君等政治便利倍增矣。余並可為君等保證，
國軍之騁馳疆場，從事抗日者固甚眾多，無需再調君等
隊伍應付敵人，故君等部隊將來可在青海訓練，以負國
防上對西藏與南疆之責可耳。

馬主席曰：吳先生，汝言甚是。

余曰：君等環境若此，奈何不離河西。

馬主席乃曰：我等退出河西，將絕啖飯地矣。蓋我
青海軍有餉而無糧，舍在河西就地籌糧，無能為也。

余曰：既是國家軍隊，理應一律看待，君等有餉無
糧，自屬詭于情常。只須君等軍隊退出河西，余當代為
請求中央發餉、發糧，以與他地軍隊同樣待遇。

馬主席起言曰：誠若是，我之直轄第一百師之駐河
西張掖者，可先行撤回青海。

余問曰：令兄騎五軍奈何。

馬主席答曰：尚須從長計議。大概須待來日余之第

一百師撤退以後，始及家兄。

余欣然曰：子香兄，汝既許見蔣委員長，汝又允願撤兵河西，此種勇毅精神，顧全大局，殊足欽佩。

11月27日　星期四

上午偕馬主席與本團同仁赴塔爾寺禮佛，並佈施。塔爾寺乃黃教發源地，明永樂年間，宗喀巴大師學經于此。余素有佛緣，今得朝此大寺，何幸如之。參拜佈施既畢，轉車參睹大通煤礦。該礦用土法開採無煙白煤，原係馬主席私產，今春捐以興學，殊堪欽佩。余等即在礦局午膳。飯後馬主席先回省垣，余與諸團員赴大通縣考察。夜宿大通縣縣政府，天奇寒，室內須燃熱炕，始能安睡。傭方于余室舉火燃，少頃，余即令停燃，惟恐不慣也。夜分甦醒，體感不適，頭暈目眩，亟欲起身吐瀉，力乏不勝，而室中惟我一人孤燈獨眠，扶持無人。正窘迫間，一傭突入，蓋渠宿我室外以待使喚者。傭既入，察余所苦，即為啟窗戶，覆重被，殷勤周到，無以復加，須臾，余體亦漸感平適矣。夫以區區縣府，其下人慎勤若此，甚為難得，余頗感之。日來與馬主席談話甚為投機，今日車中，馬娓娓道家世，余並暢述為人之道，彼此感情益增融洽。

11月28日　星期五

清晨首途赴廣慧寺，該寺活佛敏珠爾生前服職中央時，曾與余約曰，余將來必有緣一蒞廣慧寺。今余到青海，為償活佛生時約，特至廣慧寺參拜，冥冥之中有定

數歟。該寺環境山明水秀，風景怡人。在寺午飯既畢，
轉往互助縣邀章嘉大師之姐姐、兄弟暨侄輩等晤見。余
贈大師母以禮品，其下亦各有餽。蓋章嘉大師關心國
族，擁護抗戰，故余特加優禮。午後五時返抵西寧，入
晚，馬主席復來會，兩人傾談一般大局，同感痛快。

11 月 29 日　星期六

　　全體團員赴湟源考察，余與馬主席步芳作末次會
談。馬主席前曾論及省區劃分問題，渠主張：（一）青
省柴達木與河西之安西、敦煌、酒泉等處合為一省，或
劃柴達木為特區，而以河西之張掖、酒泉、安西、敦煌
及額濟納旗為省亦可；（二）青省玉樹各縣與康省甘孜
各縣及果洛，全部併為一省或一特區，因今玉樹、甘
孜、果洛遙去川、康、甘、青，不易治理，動輒滋事
也。今日重談劃省問題，余告曰，劃柴達木為特區輕而
易舉，玉樹設省雖亦不難，然須以解決糧食為先，且事
涉川、康，宜與各該省當局磋商而後可。至於酒泉建省
確有必要性，惟牽動甘肅，又應顧及新疆態度，提防誤
會，故目前殊難辦到。馬主席甚以余言為然。余繼詢馬
主席曰，來日君等軍隊調防後，將如何安置。馬主席對
曰，我尚無辦法，且從長計議。馬主席並頻頻表示現
在是經營西藏機會，倘欲調用青海武力，渠絕對從命
云云。余留青海週餘，與馬主席談話次數不謂不多，
自始至終非常圓滿，從此西北安定有望，而中央與地方
之關係得以調整，不勝欣慰。最後余與馬主席商定，兩
人立即分電總裁報告。茲錄余致總裁電文如下：

上總裁戍艷青電（十一月二十九日）

重慶委員長蔣鈞鑒：密。信來西寧，業逾一週，與馬主席子香兄每日約有三小時之談話。子香兄真誠磊落，對服膺主義，擁護領袖毫無疑問也。茲更有陳者：（一）子香兄以玉樹、果洛、甘孜、德格等地居于川、甘、康三省邊區，形勢重要，而鞭長莫及，三省均無法遠顧，擬請劃建為一新的行省，俾資建設，而固邊圉；（二）藏人反復畏威而不懷德，中央將來如對藏用兵，子香兄願以青海部隊服從調遣；（三）現駐河西之八十二軍第一百師，子香兄擬調回青海整理，惟對糧餉方面，希望鈞座予以補助；（四）子香兄現決定稍緩赴渝晉謁鈞座，惟對敵黨方面略有顧慮；（五）關于青海及其他國防各事，容俟信回渝面陳。以上各節，並乞飭主辦人員秘密是幸。信訂後日（東）離青轉往河西一帶，併聞。吳忠信叩。戍艷青。

11 月 30 日　星期日

　　馬主席自民國二十二年入京一次後，迄今未出青海一步，今既決定晉謁總裁，行期、交通統請余代籌。余擬翌日赴甘考察河西、武威、張掖、酒泉等地，即從酒泉飛返重慶，面呈總裁以甘、寧、青整個情形。此後考察團事宜，由鄭副團長亦同兄代理。余乃將以上所擬計劃電告總裁，電文如下：

上總裁戍陷青電（十一月卅日）

重慶委員長蔣鈞鑒：戍艷青電計陳。密。茲因馬主席子香赴渝聆訓事及對西北各情，有先向鈞座報告之必要，

擬將河西考察完畢後，提前回渝。所有考察團任務，即
交副團長鄭亦同代理。信約冬日抵永登，江抵武威，魚
抵張掖，庚抵酒泉，鈞座如有訓示，乞照電上列地點為
幸。將來如有便機，擬自酒泉飛渝，併陳。吳忠信叩。
戌陷青。

12月1日　星期一

　　馬主席步芳主持青海省政有年，全省政令統一，並努力于造林、築路等工作，成績甚佳。有子方冠，畀以副軍長職，少年有為，前途無量。又青海民族雜居，信仰不一，馬主席本人信奉回教。夫信教自由，舉國週知，余嘗勸勉馬主席對此點予以努力，且以身為主席，尤須尊重佛教，以為確行信仰自由，無所偏倚之表率。上午六時離西寧，馬主席率黨、政、軍諸領袖在樂家灣送行。回憶去月二十一日涖西寧，倏忽旬日，結果十分滿意，從此西北臻于協調，洵屬黨國之幸，余倍感痛快。午後一時半抵享堂鎮，原定在此一宿後，翌日不經蘭州而逕發永登。頃以時早，臨時變更計劃，轉道蘭垣。午後六時半抵蘭，仍住勵志社。世事變幻毋常，隨遇而定，擬不經蘭而終經蘭，不可思議。夜，谷主席來晤。

12月2日　星期二

　　本擬今晨離蘭，晚宿永登，明日到武威（古涼州）。奈因汽車機件損壞，修理需時，今日不克成行。候明日破曉起程，俾儘一日時間趕至武威。今日美、日第七次正式會談，美副總統威爾斯向來栖、野村兩日使提出要求日政府答覆越南屯兵之目的。

12月3日　星期三

　　晨五時即起身，六時半自蘭垣出發，西北行，十時至永登縣早餐。續北行，午後一時半越烏鞘嶺，雪花紛

飛，氣候奇寒。五時到武威，日行二百七十一公里。武威駐軍馬軍長步青率學校及其他團體領袖郊迎，並殷殷接待，不勝銘感。晚間會見當地士紳。查武威乃西通新疆之要衝，貿易興盛，握黃河以西諸埠之牛耳。縣之南境，重山重疊，積雪春融，瀉流而下，匯為數川。農田灌溉，實深利賴，物產豐富，甲于河西，有塞北江南之稱。

12 月 4 日　星期四

本團今日分組考察武威黨政，余上午往訪駐軍馬軍長，暢談國防大計。馬軍長認為新疆在國防地位上甚為重要，中樞應設法勸導新省盛主席確實擁護中央，而疏遠共黨，否則對新訴諸武力，在所不惜，馬軍長本人願任前鋒云云。午應馬軍長歡宴。午後馬軍長復來談，仍以國防為論題。馬軍長秉性慷慨，不亞乃弟，外傳河西如何如何，可知空谷生風，不足憑也。今日美、日第八次正式會談，日使來栖向美國務卿赫爾提出美總統關于日軍集中越南問題之答覆。其內容分三點：（一）日軍集越係根據東京維琪協定；（二）外間所傳日軍集越之數不確；（三）日軍集越係因受華軍集滇之威脅。

12 月 5 日　星期五

今晨五時起身，六時即首程。淡月疏星，寒氣特甚，偶得塞上吟詩一首。詩辭如左：

塞上吟

披星戴月去陽關，塞上風霜刺骨寒；

阿爾泰山雪在望，祇知建國不知難。

（註）阿爾泰山係外蒙、新疆與蘇俄三者之重要據點，故我須掌握此山，始能鞏固西北，而建設西北。前詩第三句言余有意前往新疆，調整新疆關係，以求西北之鞏固，第時機尚未到來耳。第四句則言西北既固，當努力建設，以為復興中華之基。

今日午時抵山丹縣午餐，午後三時抵張掖（古甘州），日行二百四十二公里。韓師長起功親率全部軍隊迎于郊外，下榻步兵第一百師司令部（舊提督署），韓師長招待甚為週到。查張掖握河西中樞，物產富饒，元以此為行省，清置提督，其重要性可知。

12月6日　星期六

黎明五時起身，七時車發肅州（酒泉），途經高台縣早膳。午後三時達酒泉（即肅州），日行二百一十六公里。駐酒泉騎五師馬師長呈祥親率全體官兵郊迎。馬師長係青省馬主席之外甥，年僅二十八，少年有為之士也。余等遂居騎五師司令部。余擬定本月十二日飛機回渝，在此返渝前數日內，計劃明日考察玉門油礦，隨而轉往安西。頃奉總裁來電，令青省馬主席于十五日前趕到重慶，列席第九中全會。余遂電徵馬主席意見，而余安西之行只得作罷，深以為憾。茲將總裁亥歌電，暨致馬主席陽電抄錄如後：

總裁亥歌電（十二月五日）

特急。張掖探轉吳委員長禮卿兄：戌艷青、戌陷青兩電均悉。密。馬主席已有電遵行呈報，經復令於本月十五日以前趕到重慶，俾得列席九中全會。盼兄同來。中正。亥歌侍秘。

致馬主席陽電（十二月七日）

西寧馬主席子香兄勛鑒：密。弟昨抵酒泉，得總裁歌侍電開經電復馬主席，請于本月十五日前趕到重慶，俾列席九中全會等因。兄意如何，請速電覆，以便準備飛機為荷。弟吳忠信。陽。

附河西情形如後

（甲）河西區域

河西位甘肅西北部，東南起自武威（涼州），西北迄于敦煌，中有張掖（甘州）、酒泉（肅州）、玉門、安西諸重鎮，構成一西北而東南向之狹長之廊，世人名之曰西北走廊。

（乙）河西形勢

河西地勢南以祈連山與青海草原相隔，北以合黎山、龍首山、馬鬃山與蒙古、戈壁相接（祈連山亦稱南山，合黎諸山亦稱北山），向扼東西交通之咽喉。海運未通時期，中國與印度、中亞、近東以及歐洲間文化思想之傳遞、貨物商旅之往來，要皆取道于此。武威南出蘭州，可以西通青海，而達康、藏；東通甘陝而入中原、東北及寧夏、綏遠，而接蒙古草原、安西；北至哈密，可以通和闐、疏勒，以達印度與阿富汗。故安西、敦煌實為此走廊之西北門戶，蘭州實為其東南門戶。而

弱水流域（額濟納河）北穿戈壁，南通甘、涼，酒泉實
扼其要衝。安西、敦煌固可控制西北，安定宇內，蘭州
固足以駕馭蒙、綏，屏障青海，酒泉又可驅拒來自額濟
納方面之外侵。第所以能固此四方者，斯西北長廊為其
天然堡壘使然耳。我大漢民族欲圖自守，必先守此門
戶，欲通西域，必先開闢此路。抑且武威、張掖、酒泉
一帶，雖拔海一千公尺以上，大率地勢平坦，濱河倚水
之處，雪水灌溉，皆成良畝，可資屯墾。西人目為甘肅
肥田、寧夏平原及青海湟水流域，並稱西北重要農區。
安西西去嘉峪關約四百公里，瀕疏勒河附近，水利頗
饒，為甘肅西北之重要水草田。自此以西皆為砂磧，直
至哈密，方見園林。敦煌位安西西南黨河中流，水草肥
美，又據漢代長城之西端，自漢以來，歷代皆為屯戍之
區，軍事重鎮，誠國防之要衝也。

（丙）河西交通

由內地通新疆之大道凡三：一由大道經隴海路至蘭
州，出嘉峪關（酒泉西七十里），經安西踰星星峽，過
嶺至鎮西，經奇台而至迪化，是為南路；二由商路取道
歸綏，經蒙古草原而至鎮西、迪化，是為北路；三由俄
道循西伯利亞鐵路、土西鐵路至賽橋堡乘汽車，至塔城
而達迪化。南路直貫走廊，北路穿弱水流域下游額濟納
旗一帶，當馬鬃山之北，在戰略上地位重要。今西北公
路即循南路達迪化，新綏汽車路即循北路經歸綏、二里
子河等地入新疆。惟皆通北疆，若由敦煌通南疆，即古
玉門古道及陽關古道，近湮沒不通，或有主張復闢者，
則河西形勢益增其要焉。

（丁）河西民族

　　大凡商旅頻繁之區，民族雜遝，動輒爭戰，今之巴爾幹、敘利亞以及中國之新疆，可以明矣。河西向為我國各民族往來場所，居民今猶複雜。大抵祁連山一帶藏人（黃番、黑番）駐牧，合黎山、馬鬃山一帶蒙人出沒，漢、回人則集諸城鎮。五方雜處，易致紛爭，史實昭然，亦今國防上應注意者。

12 月 7 日　星期日

　　上午接見祁連山喇嘛、藏民代表、蒙古代表、纏回代表等五十餘人，各贈以禮品。又接見酒泉各機關職員及士紳等三十餘人。今日因青海馬主席赴渝事，與馬主席兩次通電。電文如下：

馬主席亥陽辰電（十二月七日）

急。限即刻到。肅州吳委員長禮公賜鑒：頃奉委座亥歌侍秘電開。密。戊卅府電，悉兄年來在青政績，茲擬來渝述職，無任歡迎。現九中全會定於本月十五日舉行，如兄能於十五日至廿日之間趕到，俾得列席全會，以資觀摩更好等因。芳應如何呈復之處，請即裁酌，電示為感。敬聞。馬步芳叩。亥陽辰府秘。

致馬主席亥虞午電（十二月七日）

即刻到。西寧馬主席子香兄勛鑒：陽辰府秘電敬悉。密。陽電計達，委座既來電歡迎，而兄又決定赴渝，似可電覆遵往。如荷同意，弟當準備飛機，俾便同行。弟明晨赴油礦，後日回肅，甚盼本日即賜覆電為幸。弟吳忠信。亥虞午肅。

馬主席亥陽未電（十二月七日）

即刻到。肅州吳委員長禮公賜鑒：陽、虞午兩電均奉悉。密。自當遵囑前往，請派飛機，下週即（十四日）來青，與我公同機前往。惟在何處相會，請即電示，以便準備一切。再，芳暈機，按兩程飛渝，併以奉聞。馬步芳叩。亥陽未府秘。

12月8日　星期一

　　昨晚既得馬主席亥陽未復電稱決赴重慶，余即晚電告總裁，並請派飛機來酒泉後，轉飛西寧，以便偕馬主席一同飛渝。今晨余又致電馬主席報告，茲將兩電抄錄如後：

上總裁亥虞戌電（十二月七日）

特急。重慶委員長蔣鈞鑒：亥歌侍秘電奉悉。密。當即電促馬主席，頃准亥陽電復節稱自當遵命赴渝，請派飛機於十四日前來青，芳即由青起飛。再，芳暈機，須按兩程飛渝等由。茲懇：（一）迅飭歐亞公司派飛機，先來酒泉接信，再飛西寧接馬主席，俾一同飛渝；（二）馬主席經過蘭州及成都時須稍事休息，請電飭該兩地方當局予以保護；（三）馬主席到渝住所，請飭交際處予以準備，如能覓屋一幢，尤為妥便；（四）信現在酒泉等候飛機，並乞電復。吳忠信叩。亥虞戌肅。

致馬主席庚辰電（十二月八日）

西寧馬主席子香兄勛鑒：亥陽未府秘電敬悉。密。經已電呈總裁，並調派飛機來青相接，弟自當同機飛渝。將來究隨機來青，或在蘭州等候，容俟飛機洽定，再行奉

聞也。其餘統照尊意辦理，併及。弟吳忠信。庚辰肅。

今日上午九時啟程前往石油河之汽油礦考察，馬師長呈祥、曹專員漢章等同行。十時抵嘉峪關油礦局辦事處聽取報告，並先事視察煉油廠。午飯後西出嘉峪關，即景又得一詩，題為登嘉峪關。茲錄之如左：

登嘉峪關

　　漢唐文化西流徑，多少英雄度此關；

　　萬里無雲天一色，挽回錦繡我河山。

午後三時到達甘肅油礦局，即率同團員等考察油井。昨夜倭軍採不宣而戰，先發制人手段，發動太平洋戰爭，襲擊檀香山珍珠港。今日進攻香港，轟炸菲列賓、關島各地，侵入天津租界及上海公共租界，登陸馬來亞，並迫泰簽訂協定，宣布對英、美宣戰。美總統羅斯福乃下令陸海空總動員，英國、加拿大、澳地利、荷蘭、荷印及自由法國、海地共和國等，紛紛宣布對日宣戰。

12 月 9 日　星期二

上午繼續考察油井。午後二時參觀計劃中之新煉油廠廠址，其地適當石油河下游五公里，預擬全部鑿山洞，以防空襲。五時招油礦局各部負責人員舉行座談會，余起立致詞，即憑考察所及，對該局各予評語。晚間油礦局職工特為演劇，以示歡迎。今日我國府發表對日、德、義宣戰。美正式宣布對日作戰，古巴、紐西蘭、洪都拉斯、危地馬拉、薩爾瓦多、尼加拉瓜、哥斯達利加、比利時、南非聯邦、多米尼加、巴拿馬、智利

等，亦各對日宣戰。美總統羅斯福與英首相邱吉爾分電
蔣委員長，同申共同奮鬥消滅暴力之信心。又訊德國放
棄冬季攻莫斯科計劃，德軍向後撤退。余認為此事是否
因日本從中調停，頗堪注意。

附述玉門油礦概況如後

（甲）位置

在玉門縣之石油河當祁連山之北麓，東距蘭州八百
卅六公里，南距重慶二千五百五十二公里，西距猩猩峽
三百零三公里，拔海二千四百公尺。

（乙）歷史

二十七年七月，經濟部資源委員會組織甘肅油礦籌
備處，積極設法開採，二十八年四月開始見油，卅年三
月成立甘肅油礦局。

（丙）產油

　　（一）二十八年度

　　　　　產原油十二萬七千一百五十四加侖

　　　　　　汽油四千一百六十加侖

　　　　　　煤油四千一百另一加侖

　　　　　　柴油七千三百九十三加侖

　　（二）二十九年度

　　　　　產原油四十萬五千六百四十二加侖

　　　　　　汽油七萬三千四百六十三加侖

　　　　　　煤油三萬二千三百卅五加侖

　　　　　　柴油六萬一千五百卅五加侖

　　（三）卅年度（十一月底止）

　　　　　產原油二百九十六萬二千三百五十加侖

　　　　汽油十六萬五千九百十六加侖

　　　　煤油十萬另七千三百八十八加侖

　　　　柴油十三萬四千三百八十七加侖

（丁）鑿井

　　　　第一井深一百一十五公尺

　　　　第二井深二百公尺

　　　　第三井深一百九十三公尺

　　　　第四井深四百四十五公尺

　　　　第五井深一百五十三公尺

　　　　第六井深二百七十四公尺

　　　　第七井深三百卅四公尺

　　　　第八井深四百五十公尺

（戊）經費

　　　　四年共計九千九百七十六萬一千四百五十二元

　　　（一）二十七年度二十萬元

　　　（二）二十八年度二百卅六萬元

　　　（三）二十九年度一千一百卅五萬七千一百一十
　　　　　　九元

　　　（四）三十年度八千五百八十九萬八千三百卅二元

（己）希望

　　　（一）油區甚為廣大，南北十餘華里，東西（沿祁
　　　　　　連山東行，達酒泉附近）五十餘華里，油層
　　　　　　深厚，如大量開採，估計可敷五十年至一百
　　　　　　年之用。

　　　（二）設備尚須擴充，現以煉油機器不足，產量有
　　　　　　限，如由美購來之機器裝置完竣，年可出油

計：（1）飛機油一百萬加侖；（2）汽油八百八十萬加侖；（3）煤油一百萬加侖；（4）柴油二百萬加侖。

（三）該礦新擬擴充煉油計劃，如亦能完成，則年可出：（1）飛機油三百萬加侖；（2）汽油五千五百萬加侖；（3）煤油一百九十萬加侖；（4）柴油一千○四十萬加侖；（5）滑油一百萬加侖。

（四）查我國二十六年進口汽油數量為五千五百萬加侖，適與上列數相等，如此全國用油問題可告解決。並悉甘肅永昌及青海民和均有油礦，倘能併予開採，則為數更宏矣。

12月10日　星期三

今日鄭副團長率諸團員赴玉門縣考察，余上午十時離油礦局，午後一時回抵酒泉。得油礦局轉來總裁佳電，云已令歐亞公司派機接余與馬主席赴渝，余遂將總裁電詞轉以電告馬主席。既而馬主席亦有電來，蓋渠亦已接總裁之電矣。茲將上述三電抄錄于後：

總裁亥佳電（十二月九日）

油礦局轉呈吳委員長禮卿兄：亥虞戌肅電悉。密。所請派機接兄與馬主席，並分電蘭、蓉兩地予以保護，暨到渝招待各節，已分別電令各主管機關照辦矣。中正。亥佳侍秘。

致馬主席蒸肅電（十二月十日）

西寧馬主席子香兄勛鑒：密。頃奉總裁亥佳侍秘電開。

亥虞戌肅電悉，所請派機接兄與馬主席，並分電蘭、蓉
兩地予以保護各節，已分別電令各主管機關照辦矣等
因。特即電聞。弟吳忠信。蒸肅。

馬主席亥蒸電（十二月十日）

特急。限即刻到。肅州馬師長飛送妥呈吳委員長禮公賜
鑒：親譯。密。頃奉委員長蔣亥佳侍秘電開。已令歐亞
公司派機接兄及吳委員長來渝，並分電甘、川兩省政府
屆時加意招待矣等因。職謹遵在青候機，一俟到達，即
行起飛，隨從鈞座一同飛渝。肅先奉聞，尚懇示復為
禱。職馬步芳叩。亥蒸府秘。

惟據高大經、李芋龕兩君來電，謂歐亞公司有兩機
為日機炸燬于香港，該公司哈渝班機乃告停航。高、李
兩君請余搭車到蘭，然後飛渝。查余早與兩君約定十二
日哈渝班機飛渝，茲因彼等當不知總裁有電令派機來酒
泉，乃將總裁來電大意電告兩君，並申明此次專機意義
重要，務希多多設法云云。又國書、芋龕來電，告以
香港戰事發生，庸、光兩兒母子偕季文家眷，赴澳門
暫住。今日日軍在呂宋登陸，日本海、空軍襲擊新加
坡港，並在馬來海面炸沉英主力艦威爾斯親王號及卻
敵號。

12 月 11 日　星期四

今日靜候飛機消息，並與曹專員談新疆形勢及哈薩
東擾經過，余主張設法安撫。及晚，鄭副團長等考察玉
門完畢，亦返抵酒泉。本日德、義兩國對美宣戰，美亦
對德、義宣戰。日來日軍突擊太平洋英、美各據點，

英、美頗有損失。

12月12日　星期五

　　今日各團員在酒泉考察甘肅第四區督察專員公署、酒泉縣政府黨部及中央駐酒泉之各財政機關。余上午親往考察國立肅州師範、庚款委員會所辦之河西中學與省立師範三處，中以肅州師範較有規模，省立師範經費短絀，殊嫌敗陋。旋得侍從室陳主任布雷兄來電，據云機運紛繁，民航機來酒泉已無望，擬稍緩派軍運機飛蘭。余乃定翌朝乘車離酒泉，並即電復陳主任布雷兄。茲將今日與陳主任來往兩電錄之如後：

陳主任真電（十二月十一日）

酒泉吳委員長禮卿先生鑒：密。日內運務紛繁，無民用機可派，稍緩當另設法，不日擬簽請委座派軍用運輸機來接，俟奉批後再告。布雷叩。真。

致陳主任文戌電（十二月十二日）

即刻到。重慶委員長侍從室陳主任布雷先生：真電敬悉。密。弟明晨乘車赴蘭州候命，寒日在張掖，刪日抵武威，銑或篠抵蘭州。馬主席此次謁見委座，意極誠懇，如能設法派機迎接，較為圓滿，並乞轉陳是幸。弟吳忠信叩。文戌肅。

　　今日匈牙利對美作戰，保加利亞宣布對英、美作戰。香港方面，敵軍沿廣九鐵路進攻，九龍之青山發生激戰云。

12 月 13 日　星期六

晨致馬主席元戌電，告以飛機消息。電文如左：

致馬主席元戌電（十二月十三日）

西寧馬主席子香兄勛鑒：密。此次暴日對英、美宣戰，歐亞公司留港飛機頗有損失。頃復得陳主任布雷兄真電開，日內運務紛繁，無民用機可派，稍緩當令設法，不日擬簽請委座派軍用運輸機來接，俟奉批後再告等由。弟今晨乘車先赴蘭州相候，銑或篠可到，嗣後情形當再隨時奉聞也。弟吳忠信叩。元戌肅。

上午七時率全體團員離酒泉，午飯高台縣。民國二十五年冬，紅軍二千曾為青海軍擊敗于此。午後四時半抵張掖，仍住一百師師部。到張掖後，先後接馬主席亥文申及亥元申兩電。電文如下：

馬主席亥文申電（十二月十二日）

急。即到。甘州韓師長轉吳委員長禮公賜鑒：密。奉委座蔣亥真侍秘電。近日運務紛繁，無民用飛機可派，俟另設法再告等因，敬聞。馬步芳叩。亥文申府秘。

馬主席亥元申電（十二月十三日）

急到。甘州吳委員長禮公賜鑒：元電奉悉。密。我公現由肅赴蘭，無任欣慰。芳在青聽候命令，再趙專使亦與芳一同赴渝，併以奉聞。馬步芳叩。亥元申府秘。

香港戰況，我軍策應香港英軍向廣九線敵側後方猛攻，與敵接觸，戰鬥甚烈。

12月14日　星期日

　　上午考察省立張掖中學、省立張掖師範及小學三所。午時于張掖縣縣政府進午膳，縣長邵玉章，安徽宿縣人。余又接見安徽同鄉二十餘人，渠等堅請題字。余因今日事務特繁，一面致力考察工作，一面電訊往返頻頻，不遑寧暇，故力辭之，並告以余向不為人題字，況復時間不及，難以報命。第諸同鄉環而懇求，意極誠摯，如此同鄉情誼，余卒為所動，立草字二十餘張。匆迫之間，應酬題字之苦，莫此為甚。陳主任布雷兄來電，稱總裁已派定軍運機至蘭接余與馬主席飛渝。茲將今日來往各電抄錄于後：

致馬主席寒辰電（十二月十四日）

西寧馬主席子香兄勛鑒：文、元兩電敬悉。密。弟明晨赴涼，併聞。弟吳忠信。寒辰甘。

陳主任亥元電（十二月十三日）

限即刻到。酒泉探轉吳委員長禮卿兄：亥真電計達。密。茲已簽請委座令飭航委會派軍用運輸機前來接兄與馬主席，特電奉聞。弟陳布電叩。亥元。

致陳主任亥寒午電（十二月十四日）

即刻到。重慶委員長侍從室陳主任布雷先生：元電敬悉。文肅電計達。密。弟準銑晚到蘭州候機飛渝，即乞轉知航委會為荷。再軍運機能容幾人，併希示及。弟吳忠信叩。亥寒午甘。

馬主席亥寒午電（十二月十四日）

即到。甘州吳委員禮公賜鑒：密。頃奉委座蔣亥元侍秘電開，亥真侍秘電計達，茲已令飭航委會即派軍用運輸

機前來接兄及吳委員長，特電知照等因，謹聞。應如何
之處，乞電示為禱。馬步芳叩。亥寒午府秘。

致馬主席寒戌電（十二月十四日）

西寧馬主席子香兄勛鑒：寒午電敬悉。密。頃亦奉得委
座元電，文同免贅。弟準銑晚抵蘭州，一俟飛機派到，
當即命之飛青，接兄蒞蘭同行。但若該機逕至西寧
時，擬請兄即乘之飛蘭，俾期迅速為幸。弟吳忠信叩。
寒戌甘。

　　今日日軍由泰侵入緬甸之維多利亞南，英軍由南、
北兩路進攻泰國。

12 月 15 日　星期一

　　晨七時率各團員等啟程回武威，順道考察山丹、永
昌兩縣，並在山丹午膳。午後三時抵武威，下榻西北招
待所，馬軍長步青即帶病來見，據談青海馬主席今日由
西寧前赴蘭州矣。時余塵裝甫卸，倍感疲勞，而馬軍長
病體亦不勝累，余雖欲與暢言，勢不許也。今日第五屆
中央執行委員會第九次全體會議舉行開幕典禮。國際方
面，三國公約各簽字國，在栢林舉行特別會議，商討因
對英、美戰爭而起之新工作。

12 月 16 日　星期二

　　清晨四時即起身，擬以一日時間趕到蘭州。六時啟
程，車行將出武威城，因車之油箱所貯汽油其中含有煤
油過多，車告停駛，益以司機技術欠佳，機件受損，不
堪續行。比經借得交通銀行車代步，該車略有損壞，勉

強駕御。延至十一時半車開，午後四時半過永登，少息進膳，夜十時始達蘭垣。青海馬主席今日午前已先余到蘭矣。余抵蘭後，即忙于接洽諸務，直至夜分始罷。日間在途中，天既酷寒，車行又欠順利，今日實為此次由西北考察中最辛勞之一日。幸余暨各同仁身體與精神均無減色，殊以為慰。此番余來西北，為時不及二閱月，足跡遍歷甘、寧、青三省。夫以若是短促之時間，行程千萬里，卒能完成考察黨政、巡視蒙旗，暨致祭成陵等任務，堪以自慰。揆其促成力量，交通實居首位，而以改乘飛機往返寧夏一舉關係尤鉅。蓋余原定先搭車往青海考察完畢，乃循公路赴寧夏，最後靈機一動，決定先飛寧夏，然後乘車至青海。俾在青有較充裕時間與馬主席步芳懇談，打開河西暗淡局面，並能早日陪同馬主席赴渝，使河西調整計劃即付實施，冥冥之中似有神助。否則倘先考察青海，次及寧夏，或以汽車赴寧夏，而不改坐飛機，則余之能否親涖考察寧夏黨政，青海馬主席之能否早日赴渝謁見委座，與夫河西問題之能否立即圖謀解決，未可知也。甚矣哉，交通便捷之重要也，時間把握之重要也。

12月17日　星期三

上午八時半，甘肅省政府公宴青海馬主席，余作陪。余與馬主席原訂乘軍運機飛渝，旋歐亞航空公司派有機來，遂改坐歐亞機。同機除馬主席外，有朱司令長官一民、趙專使守鈺暨周秘書昆田等數人，蘭州各高級黨、政人員均到機場歡送。上午十一時半，機起飛，午

後三時到渝。中樞當局鑒于馬主席久未晉京，來機場歡
迎者非常眾多，馬深感興奮也。余遂借居張文白兄寓
所。留蘭之鄭副團長及各團員，擬于日間考察臨洮與隴
東平涼，然後繞道西安返渝。余到渝後見麗安自港來
電，渠等未及赴澳門，仍滯留香島間。顧九龍既失，港
局危矣。

12 月 18 日　星期四

上午九時出席九中全會第四次大會，並分別介紹青
海馬主席與中央諸同仁相見。午十二時半，總裁邀余及
馬主席等午餐，並聆取馬主席報告青海黨、政、軍情
形，甚為欣忭，並予以慰勉。席散，余單獨向總裁報告
西北情況及馬主席此行經過，總裁囑與馬主席妥為洽
談。午後陪馬主席訪晤李德鄰、白健生等。晚間西康劉
主席文輝來談，欲于邊事與余取得聯絡。今日消息，廣
九路我軍衝入深圳，敵陣大亂云。

12 月 19 日　星期五

上午九時出席九中全會第五次大會。午後復出席第
六次大會，會中討論土地政策綱領草案。總裁致訓辭，
申述總理之貨幣革命、糧食管理，與土地政策三者之
重要性。實施貨幣革命，結果得以抗日；推行糧食管
理，糧食危機泰半解決；現在如又履行土地政策，則一
切問題均可掃除矣。夜七時總裁召赴晚餐，並續談西北
問題。余對應付西北之主張，提出十四字，即「調整青
海、鞏固甘肅、相機收復新疆」。總裁深以為然，並囑

余擔任辦理，余曰：「貢獻意見，充一幕僚，斯乃可耳」。今日檳榔嶼英軍撤退，日軍登陸香港，英、加軍予以抵抗。

12月20日　星期六

上午九時出席大會，會間通過電慰僑胞及確立今後黨務政治、經濟諸方針各要案。午後與馬主席討論西北問題，以撤兵河西為談話中心，將來青海軍可負對西藏與南疆之國防責任。談話結果，十分圓滿，國防前途，裨益良夥。遂由周秘書昆田草擬辦法，呈請總裁核定。該項草擬辦法名曰「擬議調整青海軍政辦法草案」，係馬主席到渝以還，迭次談話之最後結論也。茲將該草案照錄如左：

擬議調整青海軍政辦法草案

（一）青海部隊可以擔負對藏及新疆南部之國防責任，惟裝備欠缺，擬請中央予以補充。

（二）現駐甘肅張掖縣一帶之第八十二軍第一百師擬調青海整理，奉令後三星期即可開拔完畢。惟所有八十二軍，均係有餉無糧，擬請中央照一般軍隊發給糧食。

（三）甘肅民樂縣大馬營西有馬場一處，係私人所有，將來任何軍隊駐紮，須予保護。

（四）青海全年收入僅一百二十萬元，中央雖每年補助九十七萬二千元，但行政費仍甚艱窘，公務員待遇極低。簡任官僅月支八十元，委任官僅月支三十元至六十元，實不足維持生活。擬請

中央照現在補助數目，酌予增加。

（五）玉樹、果洛、甘孜、德格等地處于甘、青、川、康邊區，為各該省政令之所難及，似可劃建為一新的行省，俾資治理。惟此事須與甘肅、四川、西康各省府商妥後始能舉辦，在未劃建新省之前，玉樹一帶仍擬由青海派軍駐紮。

（六）青海西部柴達木一帶，氣候、土壤均極宜于墾植，擬請設立屯墾督辦一員，俾資統籌。查現駐甘肅、武威（涼州）之騎兵第五軍軍長馬步青，剿除共匪、修築公路，素著勛績，擬請即任命馬步青為柴達木屯墾督辦，必多建樹。

（七）現駐甘肅酒泉（肅州）一帶之騎兵第五師擬調往柴達木一帶駐紮，惟柴達木無多房屋，擬由青海省府指撥地方予其居住。至對嘉峪關外之安西、敦煌二縣，治安仍由該師暫負其責。

（八）騎兵第五軍之一師及軍部附屬部隊，現分駐甘肅臨夏（河州）及武威一帶，暫維原防。將來如有調動，擬將駐武威之一部隊調往臨夏或開赴國防前線，容俟另商。關于該軍糧食，青海實無法負擔，擬請中央照一般軍隊發給。

（九）現在前線抗戰之騎兵第八師師長馬彪年事已高，擬請中央另予位置（最好由軍事參議院予以名義）。所遺師長缺，並擬請以素著勛勞之第一百師旅長馬步康升充。

以上所陳，柴達木屯墾督辦及騎五軍調動事宜，擬請俟第八十二軍第一百師調動完竣後，再次第發表。在未發

表前，務請保守秘密。

晚六時，馮煥章先生約進晚餐。八時往訪陳光甫兄夫婦，渠等近由香港冒險飛來重慶，余迭加慶慰。今日日軍在菲島南部民答那峨島之達佛強行登陸，同盟國情形不利。

12月21日　星期日

上午九時離城回鄉，途經南開學校，接馴叔同車返家。抵鄉時，蒙藏委員會同仁等均出迎，午後即回城。本日比利時對日宣戰，而日、泰軍事同盟發表同盟期十年。港九情勢，敵人既佔九龍，復在香港登陸，戰事已至最後階段，港島失陷，不過時間問題而已。

12月22日　星期一

上午九時出席中央紀念週，總裁主席並致訓辭，續開第九次大會。午十二時半，賀貴嚴兄約青海馬主席午餐，余亦與焉。午後三時出席第十次大會，全體決議通過授予總裁大權，完成抗戰勝利、建國成功任務，並與各友邦共同建立世界和平案。晚間訪西康劉主席，談中印公路及康藏一般問題。今日菲島戰事漸趨激烈，馬來東北部英軍向後撤退。

12月23日　星期二

上午八時出席政治審查會。九時出席九中全會第十一次大會，決議要案數起，如加強國家總動員實施綱領，設置地政署直屬行政院，國防委員會添設政務襄贊

機關，監察、考試兩院副院長、行政院秘書長，及外交、農林、銓敘三部易長。又通過全會宣言，略謂：遵奉三民主義，認識民族責任，加強總動員，無論何部門工作，胥須適合戰時條件，願各種政策均得順利推行，復忠誠篤實以付實踐云云。十二時卅分大會圓滿閉幕。午後二時，總裁在嘉陵賓館午餐招待全體執監委員，即席頒致訓話，語多勉勗。三時至中央廣播事業指導委員會灌製總理遺教留音片，余擔任灌地方自治開始實行法中一段。晚間國府林主席設宴招待全體委員，旁有音樂助興。

12 月 24 日　星期三

　　上午偕青海馬主席參觀興業公司鋼鐵廠。該廠民二十七年冬籌設，設資共達九千餘萬元，現已出產鋼鐵，抗戰期間成此事業，確是不易。晚六時歡宴西藏駐京新代表數人。渠輩不審內地習俗，諸多隔閡，余藉此機會，以求彼此諒解。且因中印公路勢必修築，故又力促渠等轉告藏政府勿持成見，免傷雙方感情。余賦性爽快，面對異俗人論談，煞費周章。九時席散，甘肅谷主席接踵至。谷主席意態消極，擬辭主席職，余力勸不可，並諄諄告以若有為難，余當相助。暢談歷二小時，至十一時，谷主席始離去。英首相邱吉爾自倫敦渡美，經于昨日與羅斯福總統會晤，商討兩洋作戰之聯合計劃。加拿大總理金氏被邀參加羅、邱會談，以此為第二次。余謂日軍節節推進，星加坡岌岌可危，若不加強空軍、陸軍，星、港必難保全，如是，則于英美整個戰局

大為不利。英美苟早為之備，何致一敗若是耶。

12月25日　星期四

午十二時宴章嘉，請羅佶子兄等陪席。今日並會見湘黔鐵路局長侯家源，暨皖民政廳廳長韋永成等數人。

12月26日　星期五

英殖民部昨日正式宣布香港守軍業已終止抵抗。夫香港苦戰以來，港督三度拒絕投降，卒因飲料發生問題，屈膝敵前。英人經營百年以侵略中國之據點，僅盡十數日之時間拱手讓人，可見盛極必衰，一定不移之道也。吾人對于抗戰偉業應加倍努力，再接再厲，以達最後勝利，于是無條件收復香港，不亦快哉。

12月27日　星期六

關于余與馬主席所擬調整青海軍政辦法草案一案，總裁飭交何總參謀長與余等會商辦理。午後三時，余與青海馬主席應何總長之邀請前往軍委會。經與何總長會商結果，大致悉照余與馬主席所擬調整青海軍政辦法草案之原意辦理。其重要之點有如下述：（一）河西軍隊撤回青海，由中央另派軍隊接防之；（二）青海軍隊之糧餉，自後與中央其他部隊一律待遇；（三）騎五軍軍長馬步青任以柴達木屯墾督辦；（四）玉樹未建省前，仍由青海軍駐防之；（五）青海軍隊擔負對西藏及南疆之國防責任；（六）青海政費由中央酌予補助；（七）其他，馬主席以大馬營馬場，及張掖墾地五千畝貢獻國

家。青海局面之調整，于焉告一段落，成績若是美滿，誠屬出人意外。馬主席之毅然來渝，可謂此行不虛，余乃中間負責者，尤感欣慰。至余與馬主席原擬調整辦法草案，何總長竟能大體不予改動，馬主席對之頗感鼓舞，並詢以所故。余乃曰，昔日余曾告君，辦事著重把握者，即此也。馬不禁莞爾。

12 月 28 日　星期日

上午九時至中央黨部參加王故委員法勤、劉故委員守中追悼會，蔣總裁主席，張溥泉先生報告死者生平。十一時，余宴請青海馬主席及其隨從于百齡餐廳。晚七時何總長約余與馬主席餐敘，並有朱長官一民、谷主席紀常等在座。昨日余與何總長、馬主席會商議定之調整青海案已呈奉總裁批准，今晚何總長即席宣布調整青海案之內容，蓋朱長官與谷主席尚未深得其詳也，今日亦可謂調整青海案最後完成之一日矣。九時半伴馬主席謁總裁辭行，總裁頗加慰勉，馬主席則深表服從之忱。又馬主席因騎兵師長馬彪年邁，欲調馬步康繼任之，曾經與何總長面商，何答以尚須考慮。今晚馬主席向總裁辭行之際，乘便為此事當面請示，總裁當經允准，亦佳事也。燈夜返途中，馬主席頻頻自認此番渝行成績圓滿云。菲島北部戰事混亂，馬尼剌已為不設防城市，依然空襲頻繁。

12月29日　星期一

青海馬主席抵渝十有三日，今晨乘車離渝，赴蓉轉飛西寧。余四時半起身，五時半至馬主席居處送行，並派周秘書昆田隨行到蓉。軍委會方面，亦派副官率帶憲兵護送成都。八時出席中央紀念週，何總長報告世界戰局，略謂太平洋戰事，目前英、美情勢殊屬不利云。湘北敵渡汨羅江，分路猛犯，現正血戰中。昨日美國羅斯福總統發表聲明，對于商定擊潰暴力計劃，已與同盟國代表成立廣泛協定。羅總統並下令封存香港在美之資金，命令中並規定，以後凡屬淪陷區域，資金一概自動受封。

12月30日　星期二

午前訪陳果夫、陳雪軒等，即在雪軒處午膳。雪軒大病後尚未復原，甚感生活困難，以視昔年情況，不可同日而語。午後朱長官一民、白部長健生來談，白頗注意邊事，主張乘此機會用兵西藏，以謀藏事之根本解決。余旋又接見郭大鳴君，談及新疆問題，余力持以大公無私態度處理之。

12月31日　星期三

周秘書來電報告，馬主席等昨已安抵蓉城，定今日飛蘭轉青。

一年之回顧

民國三十年之光陰已離吾人而去。在此一年之中，世界、國家及余個人，均有極多之新的事實相繼發生。關于世界者，最大為德蘇戰事及太平洋戰事之爆發。關于國家者，最大為田賦徵實，及對德、意、日之同時宣戰。關于我個人者，最大則為此次西北之行。前兩者姑不具論，現當西北之行任務已告完成之際，特就其意義所在，略作數言，以當歲末之紀念。

此次前往西北所做之工作，可就下列三方面言之：

一、考核黨政

計劃、執行、考核三聯制之實施，為國家行政上最新之設置，欲改革舊日缺點，躋國家于現代化之域，自必須經過此項過程。考核為行政三聯制中之一環，關係至為重要，故中央特設一黨政工作考核委員會以專管其事。惟我國政治積重難返，新制推行難收速效，而遴派大員赴外省考察既屬創舉，西北情形較為特殊，所負任務尤為艱鉅，余于奉命之初，即深自警惕。乃仰賴總裁德威及同仁努力，于甚短期間，即將任務圓滿完成，給予各方以良好影響，殊堪欣慰。其次在甘、寧、青三省，不少蒙藏同胞，余均便往視察，其于邊政之推進，亦多裨助也。

二、代表致祭成吉思汗陵寢

成吉思汗為蒙古民族崛起之雄，威馳歐亞，氣撼山河，世界人士，對其無不表示崇敬，蒙古官民之信仰尊重，尤屬靡以復加。成陵原在伊金霍洛，自遷甘肅後，雖年有年祭，月有月祭，尚未足表其隆重，甚至有以中

央僅祭漢人之祖黃陵，不祭蒙人之祖成陵為挑撥之資。
此次余以赴西北之便，代表總裁前往致祭，儀式隆重莊
嚴，一掃無稽謠言，予邊人以極良好之觀感。此在歷史
及文獻上，均將留下不可磨滅之一頁。

三、河西調防及偕馬主席來渝

自漢武帝開武威、張掖、酒泉、敦煌之河西四郡，
斷匈奴右臂，隔羌胡之交，此一走廊地帶，遂與國家發
生極重要之關係。歷代之經營西北者，必須掌握此一地
帶，得之則興，失之則衰，或底于亡。而此一地帶又
為西北民族交互爭取之區域，其對中原態度，亦視國力
如何，叛服靡常，兩晉、隋、唐、宋、元、明、清各代
之往事可以覆。按民國建立，五族一家，其情形當然稍
異，但該地遠接新疆，為通國際要道，仍屬西北各省之
樞紐。抗戰以還，其地位尤顯重要，惟自民國二十年以
來，河西悉為騎五軍馬步青軍長及青海馬主席步芳之部
隊所駐紮。抗戰後，彼地修路、護路諸工作，雖能次第
進展，然中央軍令未能貫澈，省府政令未能盡行，遂使
西北建設，不克積極實施，對于新疆溝通之加強，尤感
困難。余自到西北後，察知其中癥結，因決定盡我最大
努力，為國家解決此項問題。及抵青海，與馬子香主席
迭次洽談，開誠布公，語無虛飾。馬主席為我誠意所感
動，而彼又原為深明大義、豪爽果毅之人，乃贊成河西
駐軍之無條件撤退，由中央另派軍隊接防。並決定隨余
來渝謁見總裁，面聆訓誨。現在調防計劃已定，即可實
施。西北走廊局面，瞬即臻于調適，未煩一兵，未費一
錢，成事不為不易。從此力求充實，用以溝通新疆，控

制西北，其對于國際交通之開闢、國防資源之保衛、軍事政治之加強、民族宗教之融洽關係，當極鉅大也。

　　以上三點，或關于制度之推行，或關于民族之團結，或關于國防基礎之奠立，均能于兩、三月之時間中使其完成，良堪躊躇滿志。而對國家有是數項貢獻，此一年亦可謂不虛度矣。

民國日記 50

吳忠信日記（1941）

The Diaries of Wu Chung-hsin, 1941

原　　著　吳忠信
主　　編　王文隆
總 編 輯　陳新林、呂芳上
執行編輯　李佳若
封面設計　陳新林
排　　版　溫心忻

出　　版　開源書局出版有限公司

香港金鐘夏愨道 18 號海富中心
1 座 26 樓 06 室
TEL：+852-35860995

民國歷史文化學社 有限公司

10646 台北市大安區羅斯福路三段
37 號 7 樓之 1
TEL：+886-2-2369-6912
FAX：+886-2-2369-6990

初版一刷　2020 年 12 月 31 日
定　　價　新台幣 350 元
　　　　　港　幣　90 元
　　　　　美　元　13 元
ISBN　978-986-99750-5-6
印　　刷　長達印刷有限公司
　　　　　台北市西園路二段 50 巷 4 弄 21 號
TEL：+886-2-2304-0488

http://www.rchcs.com.tw

版權所有・翻印必究
如有破損、缺頁或裝訂錯誤
請寄回民國歷史文化學社有限公司更換

國家圖書館出版品預行編目 (CIP) 資料
吳忠信日記 (1941) = The diaries of Wu Chung-
hsin, 1941/ 吳忠信原著 ; 王文隆主編 . -- 初版 . --
臺北市 : 民國歷史文化學社有限公司 , 2020.12

　面；　公分 . -- (民國日記 ; 50)

ISBN 978-986-99750-5-6 (平裝)

1. 吳忠信　2. 傳記

782.887　　　　　　　　　　109020046